AF620059

LA

Bibliographie

DE

L'ESCRIME

Bibliographie

ANCIENNE ET MODERNE

DE

PAR

L'ESCRIME

VIGEANT

Maître d'Armes à Paris

LA

Bibliographie

DE

L'ESCRIME

CET OUVRAGE A ÉTÉ TIRÉ

à quatre cent quatre-vingts exemplaires

numérotés, savoir :

20	exemplaires	sur Japon (nos 1 à 20). .	80 fr.
30	—	sur Chine (nos 21 à 50).	50 fr.
10	—	sur Whatman (nos 51 à 60).	50 fr.
420	—	sur Vélin (nos 61 à 480).	10 fr.

IL A ÉTÉ TIRÉ A PART

30 exemplaires sur Vélin teinté, non mis dans le commerce.

LA

Bibliographie

DE

L'ESCRIME

ANCIENNE ET MODERNE

PAR

VIGEANT

Maître d'Armes à Paris

> En Dieu mon espérance,
> Et mon espée pour ma défense.
> DANIEL L'ANGE.

PARIS

IMPRIMÉ PAR MOTTEROZ

rue du Four, 54 bis

1882

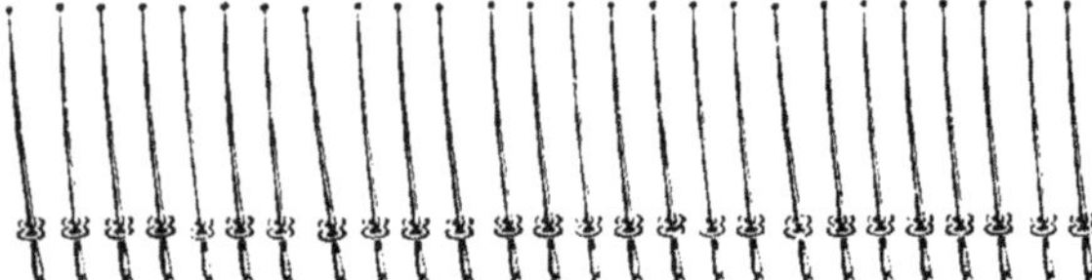

TABLE

Vignettes de CHÉGARAY et A. DEVILLE.

Gravures sur bois de PANNEMAKER.

PRÉFACE

EN FORME DE REVUE

Nous connaissons que l'art de l'épée anciennement était cultivé chez les Grecs et les Romains; l'histoire nous parle des habiles tireurs du glaive à Olympie et conserve des noms célèbres qui ont appartenu à l'antique escrime romaine : le consul Rutilius, le tribun Marius, et, plus tard, le géant Maximien, qui fut associé au trône par Dioclétien, avaient été maîtres d'armes des Gladiateurs et aussi des patriciennes de Rome.

Malheureusement aucunes traces des principes en usage dans les jeux Olympiques ou parmi les Gladiateurs ne nous sont restées. Nous savons seulement que des maîtres d'armes de légionnaires, choisis par le consul Rutilius parmi les maîtres des Gladiateurs, enseignaient un art (armatura) *sans rapports avec les finesses de l'escrime moderne.*

Pendant les siècles de barbarie qui suivirent celui d'Auguste, l'escrime primitive meurt et ne reparaît que vers l'époque de la Renaissance.

C'est à l'Espagne qu'est due alors la création des premiers éléments de l'art de l'épée à ses nouveaux débuts; mais il prend bientôt un essor considérable en Italie, dont les Salles d'armes, pendant près de deux siècles, furent sans rivales en Europe.

D'autres nations suivirent cet exemple; elles aussi formèrent des écoles renom-

mées et excitèrent l'émulation de leurs maîtres par des dons et privilèges.

Le premier effort constaté en France en faveur de l'escrime, et que nous puissions juger, date de ce moment où l'épée, devenue plus légère, fit sentir davantage la supériorité des coups d'estoc ou de pointe.

Charles IX manda à Paris des maîtres italiens; sous leur habile direction, on étudia et on en vint à jouter dextrement. Là commence notre École française[1] *qui s'affirma bientôt en créant, par privilège royal, la première institution connue en France sous le nom « d'Académie »*[2]*, celle des Maistres d'Armes.*

L'un d'eux, Henry de Sainct-Didier, est l'auteur de notre premier Traité *français et le dédia au roi Charles IX.*

1. Voir pages 143 et suivantes.

Ce curieux ouvrage marque, dans notre pays, les premiers essais en cet art qui bientôt y fut en honneur et prépara les voies à une méthode nouvelle capable de détrôner plus tard l'école italienne.

A dater du milieu du XVIIe siècle, l'escrime avait répudié tout mouvement barbare ou brutal et devait être désormais un art viril d'élégance et de courtoisie pratiqué avec ardeur par les classes élevées de l'Europe.

Les ouvrages publiés non seulement en Espagne, en Italie, en France, mais aussi en Angleterre, en Allemagne, en Belgique, en Écosse et autres pays, nous le prouvent clairement

Depuis 1474, époque où parut en Espagne le premier livre sur l'escrime, bien des auteurs que citeraient à peine leurs collectionneurs et les dilettanti de l'épée, ont écrit sur cet art sans chercher à faire l'intéressante description des œuvres de leurs devanciers.

Certains nous ont laissé, il est vrai, les noms de leurs guides favoris, et Gomard, dans son remarquable Traité, a fait une revue rétrospective de cinquante ouvrages; or, il en existe au delà de deux cents.

Représentée par un tel chiffre, une bibliographie de l'escrime semble devoir combler une des lacunes dont se plaignent, non sans raison, les bibliophiles; et, n'aurai-je pas lieu d'être satisfait, si mes recherches sont également utiles à ceux qui pratiquent et étudient la Noble Science de l'Espée.

Les difficultés que rencontre, en général, le chercheur de livres sur l'escrime (je parle surtout des ouvrages antérieurs à ce siècle) s'expliquent com-

munément par le petit chiffre de leur tirage.

Anciennement, l'auteur d'un Traité le destinait d'habitude à ses élèves, et pour cause : les frais étaient souscrits par eux et le tirage à peu près établi en raison du nombre des souscrivants ; aussi pouvons-nous souvent reconnaître que tel maître avait dans sa Salle d'armes [3] *une clientèle de gentilshommes possédant autre chose que leur épée, par la valeur des gravures et les ornements de l'œuvre qu'il nous a léguée.*

Faut-il citer quelques exemples?

*L'édition originale de l'*École des Armes, *d'Angelo, qui fut imprimée à Londres en 1763, et qui provoqua tant de dépit chez les Maîtres de Paris, eut ses frais énormes couverts à l'avance par une souscription de deux cent trente-six seigneurs anglais.*

Gérard Thibaust, qui consacra sa vie

au trop docte, mais splendide Traité in-folio qui fut publié à Leyde par les Elzéviers, en 1630, dut à la munificence des neuf souverains auxquels son ouvrage est dédié, de pouvoir mettre à jour ce prodigieux travail en gravures, qu'on ne pourrait aujourd'hui reproduire qu'au prix de bien grands sacrifices.

Ces renseignements, que je pourrais étendre, prouvent déjà que les livres d'escrime s'offrent quelquefois avec les attraits que recherche le bibliomane[1]*; bois et gravures marquants, ornements de style, impressions de choix, ancienneté, rareté, enfin tout ce qui peut servir de cadre attachant aux études théoriques d'un art souvent aride, mais dont l'utilité, dès longtemps reconnue, s'impose plus que jamais à nos mœurs et à nos besoins.*

Il serait téméraire à moi de prétendre n'avoir omis aucun des livres intéressant l'art ou l'histoire de l'escrime; je crois que peu font, ici, complètement défaut[5]; *et si quelques-uns ne me sont révélés que par des citations ou critiques d'autres auteurs, j'ai du moins mentionné ce que j'ai pu trouver de leur acte de naissance, en attendant le certificat de vie qu'un chercheur plus heureux que moi leur délivrera* de visu.

J'ai laissé de côté certains manuels militaires étrangers qui se copient, de façon à ne pas m'écarter du domaine artistique des armes.

Les nombreuses encyclopédies françaises et étrangères qui donnent au mot : Escrime, *quelques détails empruntés, m'ont aussi paru peu importantes.*

En un mot, mes recherches ont porté, à toutes les époques et en tous pays, sur les ouvrages spéciaux, soit didactiques, soit historiques, intéressant le maniement de l'épée, de la rapière et du sabre dans le combat singulier.

Je publie aujourd'hui, au seul point de vue bibliographique, les résultats de ces explorations, avec des notes biographiques et historiques et quelques appréciations générales et personnelles, sans autre prétention que celle d'être utile à mon art, d'aider aux recherches du collectionneur et d'indiquer aux raffinés de nos salles d'armes les moyens de briller en théorie comme en pratique.

(Armes données par Louis XIV, en mars 1656, à l'Académie des Maistres en fait d'Armes de la Ville et Fauxbourgs de Paris.)

PRINCIPAUX MAITRES D'ARMES

QUI ONT EXISTÉ ET ENSEIGNÉ EN FRANCE DEPUIS CHARLES IX [a]

RÈGNE DE CHARLES IX

POMPÉE, R., maistre d'armes du Roy (Italien).
Noël CARRÉ [G], maistre des pages de Catherine de Médicis.

(a) Les noms inscrits dans ces tableaux et classés, autant que possible, par ordre d'ancienneté, ont été relevés dans les Archives nationales et dans diverses bibliothèques publiques et particulières.

Henry de Sainct-Didier.
Jacques Ferron.

RÈGNE DE HENRI III

Silvie, maistre d'armes du Roy (Italien).
Le Flaman.
Petitjean.

RÈGNE DE HENRI IV

Hyeronime Calvacabo [7] (Italien).
D'Aymard (de Bourdeaux).

RÈGNE DE LOUIS XIII

César Cavalcabo, maistre d'armes du Roy (Italien).
Pater.
Ducoudray.
Jean Pillard, maistre tireur d'armes des écuyers du Roy.
Plate, à Toulouse.

RÈGNE DE LOUIS XIV

Franquin de Saint-Ange, Vincent [8], maistre d'armes du Roy.
De Lorme.
Mangin.
Galland.

Soret.
Filleul.
Héron.
De Saint-André, quai des Augustins).
Besnard, Charles, à Rennes.
Le Bret de Frenays.
Regnard.
Vincent.
Valet.
Langlois, Pierre (de la Cour des Aides).
Deriencourt.
Morin.
Rousseau, Pascal [9], second maistre du Roy.
Forgeot.
Chardon (rüe de Bussy).
Philibert de la Touche.
Le Perche, Jean-Baptiste (rüe de la Harpe).
Du Roché.
Le Cocq.
Wernesson de Liancour (rüe des Boucheries-Saint-Germain).
Marres.
Philebois.
Labat, à Toulouse.
Marais.
Moussard.
Papillon.
Du Cornet, Hubert.
Denis Beneton de l'Isle (maistre des Pages).
Thomas de la Chapelle (de la maison de Mademoiselle).
Vignal.
Lhuyller.
Petit.
Des Fontaines, Pierre.
Rousseau, Jean, maistre des pages du Roy.
Bourbet de Vaux (de la maison du duc de Berry).
Minoux (rüe des Mauvais-Garçons).
Pillart, père (rüe Dauphine).
Pillart, fils (rüe des Cordiers).

RÈGNE DE LOUIS XV

Rousseau [10], Henri-François, professeur du Roi.
De Brye, J. (rue de Bussy).

Dumonchel.
Braimont, maître des mousquetaires.
Le Brun.
Prevost (de la maison de Monsieur).
Martin, à Strasbourg.
Gérard, à Nancy.
Le Perche (rue Mazarine).
Teillagorry (oncle).
Dalonneau de la Raye.
Danet, G. (rue du Chantre-Saint-Honoré).
Dufay (rue du Chantre).
Daniel ô Sullivan (rue du Jour-Saint-Eustache, en face du portail).
Deladroit.
Hérault.
Thonnard (rue Christine).
La Boessière, père.
Simon, à Lyon.
Feauveaux.
Delliser.
Faldoni, à Lyon (Italien).
Teillagorry (neveu).
Cavin de St-Laurent.
Picard [11], à Rouen.
Motet [12].
Chabot.
Fleury.
Menessiez, père, maître des pages du comte de Clermont.
De la Rivière.
Guillaume.
Cadet de Provence.
Navarre, C., maître à la compagnie de Noailles.
Donnadieu.
Dujon de la Salle.
Paquier.
Devocour.
Moreau, à Nantes.
Léger [13] (du régiment de Bourbon).
Dupré.

RÈGNE DE LOUIS XVI
ET PREMIÈRE RÉPUBLIQUE

Rousseau [14], Augustin, maître d'armes des Enfants de France.
Fabien.
Roch (de la maison de Madame).

Le Brun (rue Montmartre, à côté du passage du Saumon).
Prevost, François-Louis (de la maison de la comtesse d'Artois).
Puzin.
Daressy, Jean, A. (à Agen.
Castelvert.
Gomard, père.
Baron Salmon.

DIX-NEUVIÈME SIÈCLE

La Boessière, fils.
Jean-Louis, à Montpellier.
Lafaugère, à Lyon.
Renevier.
Fillias.
Lafitte.
Le Brun, fils.
Capitaine Bégo.
Charlemagne.
Gomard, fils.
Deslauriers.
Philippe.
Laporte.
Compoint.
Lamothe.
Perodon.
De Grave.
Daressy, Pierre, A.
Ravet.
De Menissier.
Moreau, fils, à Nantes.
Pelte, aîné [15].
Bouscarin.
Mathieu-Coulon.
Mazoué.
Cotti.
Renaudot.
Franck.
Dumesnil.
Mille, père.
Raimondi.
Lozès, aîné.
Grisier.
Bertrand, fils.
Cordelois.
Blot.
Bonnet.
Gatechair, père.
Robert, aîné.

Les professeurs de l'Empereur Napoléon III ont été : MM. Pons aîné et Bonnet.

(Une leçon de glaive à Olympie.)

BIBLIOGRAPHIE

Les ouvrages importants, par leur valeur bibliographique ou leur mérite artistique, sont marqués d'un astérisque.

* AGGRIPPA, Camillo, 1553 (italien).

Trattato di Scientia d'Arme, con vn dialogo di filosofia, di Camillo Aggrippa, Milanese. — In Roma per Antonio Blado stampadore apostolico, 1553. — Con priuilegio di N. Signore Papa Giullo III per anni dieci. — (*à la fin :*) stampata in Roma per Antonio Blado, 1553.

In-4° : Portrait d'Aggrippa et 55 gravures sur cuivre intercalées dans le texte.

Privilège. Dédicace à Cosme de Médicis.

Aggrippa peut être regardé, parmi les anciens, comme le Maître le plus remarquable dont puisse s'enorgueillir l'escrime tialienne. L'impulsion qu'il donna à son art, les théories et la marche qu'il sut lui imposer sont une des causes de la prépondérance longtemps exercée en Europe par l'École italienne.

A côté de l'intérêt qu'offre ce Traité de l'escrime ancienne, le bibliophile remarquera les gravures, qui sont de l'école de Marc-Antoine.

D'après d'anciens catalogues, plusieurs seraient attribuées au crayon de Michel-Ange lui-même, celle entre autres qui se trouve au verso de la page xx. Les deux gravures qui représentent l'auteur : dans l'une, entouré de ses disciples, étudiant les bases de son art ; dans l'autre, entraîné par des Vénitiens pendant que des Romains cherchent à le retenir, prouvent la renommée dont jouissait Aggrippa ; et les termes mêmes dans lesquels est conçu le privilège qui lui est octroyé montrent tout le cas qui fut fait de ses travaux.

Un autre côté intéressant pour nous, de cet ouvrage, est de connaître qu'il a été consulté par Saint-Didier dont le Traité parut en France vingt ans après.

* AGRIPPA, CAMILLO, 1568 (italien).

Di M. Camillo Agrippa *(l'orthographe du nom est modifiée)*. Trattato di scienza d'Arme. Et vn dialogo in detta materia.

In Venetia, Appresso A. Pinargenti.— 1568.

In-4° : Frontispice qui contient le titre de l'ouvrage, portrait de l'auteur et 49 gravures sur cuivre, tirées dans le texte.

Cette seconde édition est dédiée à Don Giovanni Manriche, Cameriere de S. M. Cesarea, par le Peintre Giulio Fontana, à l'initiative duquel est due cette nouvelle impression.

Le texte en est conforme à l'original, mais l'aspect du livre est changé : le portrait est fait différemment, et les gravures, quoique imitées de celles de l'édition originale, ne peuvent leur être comparées.

AGRIPPA. — En 1604, une troisième édition, en tous points conforme à la seconde, fut encore imprimée à Venise.

* AGOCCHIE, GIOVANNI DALL', 1572 (italien).

Dell' Arte Discrimia libri tre, di M. Giovanni dall' Agocchie, Bolognese.

Ne quali breuemente si tratta { Dell' Arte dello Schermire. / Della Giostra. / Dell' ordinar Battaglie.

Opera necessaria a Capitani. Soldati, et a qual si uoglia Gentil'huomo. Con privilegio.

In Venetia, Appresso G. Tamborino, 1572.
In-4°, dédié au comte Fabio Pepoli.

Giovanni présente, sous forme de dialogue, une discussion théorique dont le mérite eût été plus apprécié si l'auteur l'eût accompagné de planches explicatives. Son ouvrage n'en occupe pas moins une place importante dans l'escrime ancienne.

ALFIERI, Francesco. 1640 (italien).
La Scherma di F. Alfieri Maestro d'Arme dell' Illma Accademia Delia in Padova.
Doue con noue Ragioni e con Figure si mostra la perfezione di quest' Arte, e in che Modo secondo l'Arme e'l' sito possa il Caualiere restar al suo nemico superiore. — Dedicata all' Ill^{mi} SS. della sopra detta Accademia.
In Padoua, per Seb. Sardi con licenza, 1640.
In-4° oblong avec faux titre; titre gravé et encadré d'armes; portrait d'Alfieri en médaillon; 37 gravures de l'école de Callot.
Dédicace. Préface.

Le côté artistique de ce Traité, joint à ses élégantes gravures, le classent parmi ceux qui peuvent intéresser le bibliomane aussi bien que l'escrimeur.

---

* ALFIERI, Francesco, 1653 (italien).

La Spadone di F. Alfieri, Maestro d'Arme dell' Illma Academia elia in Padova. Doue si mostra per via di Figoura il maneggio e l'vso di esse. — In Padova, per Sebastiano Sardi, 1653. — Con licenza de' Superiori.

Petit in-4° renfermant 17 planches gravées sur cuivre dont une seule tirée hors texte. Plusieurs des planches se répètent.

Ce second ouvrage d'Alfieri a cela de particulier, qu'il s'occupe exclusivement de l'épée à deux mains (*la spadone*) à une époque où cette arme était à peu près abandonnée ; c'est, d'ailleurs, le seul traité tout spécial qui en soit connu dans le XVIIe siècle.

* L'ANGE, Jeann Daniel, 1664 (allemand).

Deutliche and Gründliche Erklärung der Adelichen und Ritterlichen freyen Fechtkunst, etc. Durch J. D. l'Ange Fechtmeister...

Getrukt zu Heidelberg bey Adrian Meingarten, 1664.

In-8° oblong, portrait de l'auteur, par C. Metzger ; 61 planches gravées sur cuivre.

Dédicace. Au lecteur. Epître à l'auteur.

L'Ange adopte la plupart des principes en usage alors en France, et cependant les attitudes de ses gravures rappellent un peu l'École italienne.

* ANGELO [16], M., 1763 (en français).

L'École des armes avec l'explication générale des principales attitudes et positions concernant l'Escrime. — Dédiée à Leurs Altesses Royales les Princes Guillaume-Henry et Henry-Frédéric. Par M. Angelo. A Londres, chez R. et J. Dosdley, Pall-Mall, 1763.

Edition originale. In-folio oblong avec 47 gravures hors texte. — Dédicace.

A son apparition, plusieurs exemplaires de cette édition, destinés aux membres de la famille royale d'Angleterre, ont été tirés sur grand papier et reliés semblablement en maroquin plein vert olive avec de superbes fers en large bordure sur les plats et au dos; le titre au dos est sur pièce rouge.

Quant au texte, l'auteur a suivi les principes de l'École française, qu'il avait étudiés durant plusieurs années à Paris, et il est reconnu que le chevalier d'Eon [17], qui habita longtemps chez Angelo, à Londres, l'aida dans la composition de ce traité.

L'ouvrage contient les noms des 236 Nobles Souscripteurs qui ont couvert les frais considérables de cette magnifique publication dont les gravures sont regardées comme autant de petits chefs-d'œuvre d'allure et d'élégance.

Angelo et divers seigneurs de ses élèves, Lord Pembroke entr'autres, ont posé pour plusieurs des sujets qui ont été dessinés et gravés par les premiers artistes anglais : le peintre Gwyn, et Ryland, Hall, Chamber, Grignion, graveurs.

* ANGELO. — En 1765, une seconde édition en français et en anglais, texte en deux colonnes et renfermant les mêmes gravures, fut imprimée à Londres chez S. Hooper.

* ANGELO. — En 1767, une troisième édition en français et avec les mêmes gravures, fut encore imprimée à Londres.

* ANGELO. — En 1787, une édition en anglais et réduite au petit in-4° oblong, fut imprimée à Londres.

Au titre « Escrime » de leur Encyclopédie, Diderot et d'Alembert ont reproduit les planches de cette petite édition avec texte traduit.

Ces planches sont très inférieures aux originales.

ANGELO, 1817 (anglais).

A treatise on the utility and advantages of Fencing giving the opinions of the most eminent Authors and medical practitioners, on the important advantages derived from à knowledge of the art, as a means of self-défence, and e promoter of health. Illustrated by forty-seven engravings. To wich is added, a dissertation on the use of the broad sword (with six descriptive plates).

Memoirs of the late Mr Angelo and a biographical sketch of Chevalier Saint-George with his portrait. — London, 1817.

Published by Mr Angelo, B. R. Piccadilly, and at his Fencing Academy, Old Bond Street.

Printed by G. Smeeton Saint-Martin's Lane.

In-folio, qui renferme en album les gravures de l'*École des armes*, un portrait à la manière noire du chevalier de Saint-Georges [18], gravé par W. Ward, d'après une peinture de Bronn, et 6 planches sur l'exercice du sabre, dessinées et gravées par Rowlandson, en 1798 et 1799.

Des détails historiques sur l'auteur et sur Saint-Georges lui donnent aussi un intérêt particulier.

ANGELO, Henry, 1830 (anglais).

Reminiscences of Henry Angelo [19], with memoirs of his late father and friends, including numerous original anecdotes and curious traits of the most celebrated characters that have flourished during the last eighty years.— London: H. Colburn and R. Bentley, 1830.

In-8° en deux volumes avec portrait gravé de l'auteur. — Préface.

Cet ouvrage, qu'on pourrait appeler les mémoires d'un Maître d'Armes, renferme des détails peu connus sur l'histoire de notre escrime du siècle dernier.

ARBEAU, Thoinot, 1596 (français).

Orchésographie, métode, et téorie en forme de discours et tablature pour apprendre à dancer, battre le tambour en toute sorte et diversité de batteries, jouer du fifre et arigot; tirer des armes et escrimer, avec autres honnestes exercices fort convenables à la jeunesse,... par Thoinot Arbeau, demeurant à Langres. — (Jean Tabourot). — *Lengres, par Jehan dez Preyz, 1596*. In-4°, figures sur bois.

Livre que je mentionne ici bien plus à cause de sa rareté et de sa réputation que pour l'intérêt qu'il offre au point de vue de notre art.

ARTHUR, J.-Mac., 1780 (anglais).

The Army and Navy Gentleman's Companion or a New and Complete Treatise on the Theory and Practice of Fencing, etc.

By J.-Mc Arthur of the Royal Navy. — London. Printed for James Lavers nº 10, Strand.

In-4° avec frontispice dessiné par J. Sowerbi et gravé par Newton, et 18 planches hors texte dessinées par Arthur et gravées par Newton.

ARTHUR, J.-Mc. — En 1784, une seconde édition de l'ouvrage de Mac Arthur, conforme à l'originale, fut imprimée à Londres par J. Murray, nº 32, Fleet street.

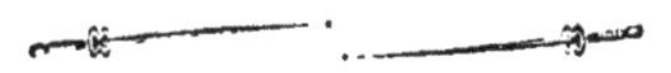

BALLASSA, Constantin, 1860 (autrichien).

Die Militöriche fechtkunst fon dem semde. Ballassa. — Pesth, 1860.

Grand album in-folio avec planches au trait.

BANE, Donald Mac, 1728 (écossais).

The expert sword-Man's companion : or the True Art of self-defence with an Account of the Authors life and his transactions during the Wars with France. To which is annexed the art of gunnerie. — By Donald Mc Bane. — Glascow, Printed by James Duncan, and are to be Sold at his shop in the Salt-Market, near gibson's Wind, 1728.

In-12 avec portrait de Donald Bane gravé par Campbell et 22 gravures hors texte.

Avertissement. Au lecteur. Poème. Sonnets.

DE BAST, B., 1836 (en français).

Manuel d'Escrime, par le capitaine de Bast, ancien professeur de toute arme et gymnasiarque à la Société Royale et Chevalière de Saint-Michel, à Gand [20], avec portrait et planches. — Bruxelles. H. Dumont, 1836.

In-8°, renfermant un portrait lithographié de l'auteur et 7 planches pliées, gravées au trait.

Préface. Ouvrages consultés. Préliminaires.

Ouvrage fait un peu en imitation de celui de Lafaugère; les planches, même, reproduisent les positions de celles contenues dans le traité du maître français.

---

* BATIER, 1772 (français).

La Théorie pratique de l'Escrime, pour la pointe seule, avec des remarques instructives pour l'Assaut, et les moyens d'y parvenir par gradation. Dédié A S. A. S. Monseigneur le Duc de Bourbon, par le sieur Batier.

A Paris, de l'imprimerie de la veuve Simon et fils, imprimeurs-libraires de LL. AA. SS. le Prince de Condé et le duc de Bourbon, et de l'Archevêché. Rue des Mathurins. 1772.

L'auteur demeure rue de la Coutellerie, maison de Madame Nivelle, vis-à-vis de M. Miret, marchand de vin du Roi, quartier de la Grève. Le prix est de 30 sols, broché, et se vend chez Charles de Poilly, libraire, quai de Gèvre, au Soleil d'or.

In-8°, texte encadré; une gravure de Janinet. Dédicace. Avant-propos.

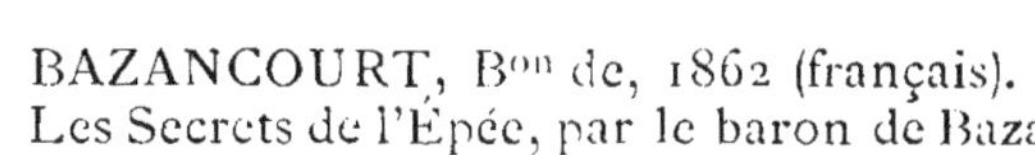

BAZANCOURT, Bon de, 1862 (français).

Les Secrets de l'Épée, par le baron de Bazancourt. — Paris, Amyot, éditeur. 1862. Imprimerie de Lahure, rue de Fleurus. In-8. Préface.

Les théories que Bazancourt expose sous forme de causeries tendent à une voie nouvelle, abrégée, mais peu sûre, et dont il est difficile de faire un grand éloge tout en rendant hommage à l'écrivain.

BEAUMONT, Ed. de, 1881 (français).

L'Épée et les Femmes, par Ed. de Beaumont. Paris. — Jouaust — 1881.

In-4° renfermant les reproductions de cinq

dessins de Meissonnier tirées hors texte, avec nombreuses vignettes et ornements.

Traitant de l'histoire de l'épée et de son influence dans les questions morales et sociales, à différentes époques.

---

* BEAUPRÉ, Jean Jamin de, 1721 (en français et en allemand).

Méthode très facile pour former la noblesse dans l'art de l'épée, faite pour l'utilité de tous les amateurs de ce bel art; par le sieur Jean Jamin de Beaupré, maître en fait d'armes de Son Altesse S. Electorale de Bavière à la célèbre Université d'Ingolstadt.

On trouvera en ce livre, rangés en ordre, tous les mouvements généralement bien expliqués qui sont nécessaires à bien apprendre et à enseigner à faire des armes, en allemand et en français, avec 25 planches qui représentent toutes les principales actions à la dernière perfection. Ce jeu est choisi de l'Italien, de l'Allemand, de l'Espagnol et du Français, et composé de manière par sa grande pratique qu'on peut l'appeler le Centre des armes.

Dédiée à Son Altesse Électorale de Bavière. — Anno 1721. Ingolstadt. Gedruckt bey T. Gran.

Petit in-4°.— Texte en deux colonnes; 25 gravures sur cuivre et hors texte.

Préface intéressante par la différence qui y est faite entre le fleuret et l'épée.

* BÉRAUDIÈRE (de la), 1608 (français).

Le combat de seul à seul en camp clos : Par messire Marc de la Béravdière, Cheualier de l'Ordre du Roy, capitaine de cinquante hommes d'armes de ses Ordonnances, Seigneur de Mauuoisin; avec plusieurs questions propres à ce sujet, ensemble le moyen au gentil-homme d'éuiter les querelles, et d'en sortir avec son hôneur. Diuisé en quatre parties.

A Paris, chez Abel l'Angelier, au premier pilier de la grand'Salle du Palais, 1608; — Avec priuilège du Roy.

In-4°. Dédicace. Table. Privilège. Au lecteur.

Traité de duel renfermant des détails sur les pratiques du combat singulier.

L'*Essai sur le Duel*, par Chateauvillard, nous donne, au point de vue moderne, une idée réduite mais assez exacte de certains chapitres du livre de la Béraudière.

BERTRAND, 1801 (français).

L'escrime appliquée à l'art militaire, par le citoyen Bertrand, maître d'armes.

Paris, en l'an IX. — In-8°.

* BESNARD, CHARLES, 1653 (français).

Le Maistre d'arme libéral traittant de la théorie de l'art et exercice de l'espée seule ou fleuret, et de tout ce qui s'y peut faire et pratiquer de plus subtil avec les principales figures et postures en taille douce, contenant en outre plusieurs moralitez sur ce sujet.

Fait et composé par Charles Besnard, breton originaire, habitant de la ville de Rennes et y monstrant le susdit Exercice.

Dédié à Nosseigneurs des Estats de la province et duché de Bretagne. A Rennes, chez Iulien Herbert, imprimeur et libraire, rüe St-Germain, à l'Image S. Ivlien, 1653. Avec privilége du Roy.

Petit in-4° : frontispice encadrant le faux titre, dessiné par Montaillier, gravé par Baugin et 4 planches sur cuivre hors texte; la dernière planche représente un duel au pistolet.

Epître dédicatoire. Au lecteur. Privilège.

L'ouvrage de Besnard a apporté des modifications en ce sens qu'il a développé certains principes dus pour la plupart au célèbre maître Pater, lequel n'a rien écrit.

Ce livre renferme également un essai philosophique sur l'escrime, et des données pratiques pour le cas des rencontres; l'auteur saisit cette occasion pour faire une sortie violente contre le duel à courte épée et contre le duel au pistolet qui, selon lui, nous vient des esprits infernaux.

BLOT, Jacques-Antoine, 1862 (français.)

L'école de l'escrime, petit manuel pratique, dédié à S. A. le Prince Impérial, par Blot, professeur d'escrime, Chevalier de la Légion d'honneur, ancien secrétaire de la Société d'Armes de Paris[21], fondée en 1827. — Paris, imprimerie de Lahure, 1862.

Petit in-12. Dédicace. Préliminaires.

BLOT. — Réimprimé en 1875, dans la Bibliothèque des Salons, de Jules Taride.

* LA BOESSIÈRE, 1818 (français).

Traité de l'art des armes, à l'usage des professeurs et des amateurs, par M. La Boëssière, maître d'armes des anciennes Académies du roi, des Écoles Royales polytechniques.

Se trouve : chez M. La Boëssière, rue Saint-Honoré, vis-à-vis l'Oratoire, et à la salle du Manège Royal, rue Saint-Honoré, n° 359, près la place Vendôme. — Magimel, Ancelin et Pochard, libraires, rue Dauphine, n° 9.

Paris, de l'imprimerie de Didot, l'aîné, 1818.

In-8°, renfermant 20 planches pliées, dessinées par Bodem et gravées par Adam.

Introduction. Notices historiques sur feu la Boëssière père et le Chevalier de Saint-Georges.

La Boëssière, fils du célèbre maître qui en 1766 fit paraître au nom de l'Académie d'Armes de Paris une réfutation de l'œuvre de Danet, s'inspira des réformes mêmes qu'avait combattues la Boëssière père, et il établit les bases complètes de cette escrime dont Jean-Louis perfectionna, peu après, les formes et les détails.

La méthode créée par ces deux hommes, qui se complètent l'un par l'autre, est suivie aujourd'hui par bon nombre de professeurs qui en ont compris les avantages.

S'il est un reproche qu'on puisse risquer sur l'œuvre de la Boëssière, ce serait d'avoir peu cherché à rendre attrayantes ses démonstrations dont, seuls, les fervents de l'épée peuvent affronter l'aridité, mais dont, à coup sûr, ils tirent toujours profit.

BONAPARTE, Prince PIERRE-NAPOLÉON, 1869 (français).

Le maniement de l'épée réduit à sa plus simple expression utile; par le prince Pierre-Napoléon Bonaparte. — Paris, 1869, imprimerie Aubry. — (2e édition). In-12.

Essai théorique qui prône un système équivalant à celui qu'expose l'ouvrage du baron de Bazancourt.

---

* BONDI DI MAZO, 1696 (italien).

La Spada Maestra di me Bondi di Mazo da Venetia libro doue si trattano i vantaggi della Nobilissima Professionne della Scherma si del caminare, girare, e retirarsi, come del ferire sicuramente, e difendersi.

Dedicato Ag l'illustrissimi, e Eccellentissimi Signori Conti di Collalto e san Salvatore.

In Venetia, per Dominico L. A. Rialto, 1696.

In-4° oblong, avec frontispice fait d'emblèmes et de devises; 80 gravures sur cuivre. Dédicace. Sonnets. Au lecteur.

---

* BORATHT, 1693 (suédois).

Palaestra Suecana, ou l'art de l'escrime. — Stockholm, 1693. — In-folio.

Le seul ouvrage d'escrime paru en Suède.

---

* DE BREA, D.-M-A., 1805 (espagnol).

Principios universales y reglas generales de la verdadera destreza del Espadin, segun la doctrina mixta de Francesa Italiana y Espanola, dispuestos para instruccion de los caballeros seminaristas del real seminario de Nobles de esta corte; por su Maestro D.-Manuel-Antonio de Brea, Maestro Mayor y Examinador de todos los del Reyno.

Madrid, en la imprenta Real.—Año de 1805.

In-4°; 18 planches sur cuivre et hors texte.

Dédicace. Introduction.

* BRUCHIUS, J.-G., 1671 (hollandais).

Grondige beschryvinge van de Edele ende Ridderliycke Scherm-ofte, Wapen-Konste, etc.

Uytgegeven ende aen den Dagh gebracht door Johannes-Georgius Bruchius, Scherm-ofte Vecht-Meester der wijt-vermaerde Academie.

Tot Leyden, bi Abraham Verhoef, 1671.

In-4° oblong, renfermant le portrait de Bruchius, signé Van Somer et 143 figures gravées sur cuivre.

Dédicace. Au lecteur. Épîtres. Sonnets.

Le seul ouvrage, en hollandais, que nous connaissions sur l'escrime.

* BRYE, J. de, 1721 (français).

L'Art de tirer des armes, réduit en abrégé méthodique.—Dédié à monseigneur le Maréchal duc de Villeroy, par J. de Brye, Maistre en fait d'armes. — A Paris, chez C. L. Thiboust, imprimeur juré de l'Université de Paris, place de Cambray, 1721. — Avec approbation et privilège du Roy.

In-8° avec frontispice représentant les armes du maréchal duc de Villeroy. L'en-tête de la dédicace montre le portrait du Dauphin, en médaillon, signé Boudan. Epître. Préface.

J. de Brye fait entrevoir la transition de l'ancienne École représentée par les : Philibert de la Touche, le Perche, de Liancour et Labat, à l'École moderne créée par les Danet, Demeuse, la Boëssière, Jean-Louis et Gomard.

* CALARONE, Constantino, 1714 (italien). Scienza prattica necessaria all' hvomo, overo modo per superare la forza coll'uso regolato della Spada.

Parte prima, opera di C. Calarone Detto l'Anghiel I' : Maestro di Scherma Messinese.

Dedicata all' Eccellentissimo Signor Don Ignazio Migliaccio De Principi Di Baucina,

Principi Di Malvagna, Duca di Galizia, etc. In Roma Nella stamparia di Luca Antonio Chracas, 1714. — Con licenza de' Superiori.

In-4° renfermant : le portrait du prince Migliaccio, à qui l'ouvrage est dédié, le portrait de Calarone, gravés sur cuivre, hors texte, et gravures sur bois tirées dans le texte.

Dédicace. Lettre. Table.

CAMPENON (le Général), 1869 (français).

Leçons d'armes par E. Campenon. — Lyon, 1869.

Plaquette in-4° autographiée et signée.

Manuel d'escrime fait par le général qui, en 1880, fut Ministre de la Guerre, d'après les leçons de son maître Demonchy.

* CAPOFERRUS, Ridolfo, 1610 (italien).

Gran simvlacro dell'arte e dell'uso della Scherma di Ridolfo Capo Ferro da Cagli, Maestro dell'eccelsa natione alemanna, nell' inclita Citta di Siena. Dedicato al Serenissimo sig. Don Federigo Feltrio della Rovere Principe dello stato d'Vrbino.

In Siena, al sopportico de Pontani. Appresso Saluestro Marchetti, e Camillo Turi. con Licentia de' Superiori, e con Priuilegi. 1610.

In-4° oblong renfermant : en frontispice les armes du duc d'Urbino, le portrait du Maître formant second frontispice et 43 gravures sur cuivre, gravées par Rafael Schiamirossi.

Dédicace. Table. Au lecteur.

Il existe une autre édition de l'œuvre de Capoferrus *(je n'ai pu en voir que des fragments)*. Les gravures de cette édition, qui est postérieure, tout en présentant le même caractère d'escrime que l'édition ci-dessus, renferment plus d'ornements.

Capoferrus, un des principaux auteurs italiens, est regardé comme chef d'école et le livre qu'il a composé mérite, non seulement d'être recherché comme œuvre bibliographique, mais aussi comme traité original et pratique.

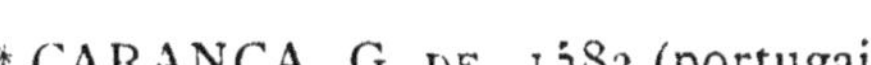

* CARANÇA, G. DE, 1582 (portugais).

Libro de Hieronimo de Çarança natural de Sevilla ove trata de la philosophia de las armas, y desu destreza y de la aggressio y defension christiana. Lisbonne 1582.

Gros in-8° avec deux frontispices sur bois; le premier contient, avec le titre, le portrait de Carança surmonté d'un enfant tenant un livre et une épée; le second frontispice représente les armes du duc de Médina.

Dédicace. Privilèges. Épître en vers. Lettres. Prologue. Sonnets.

Pendant tout le XVIIe siècle, les maîtres espagnols ont adopté les principes établis par Geronimo de Carança, dont le traité s'étend aussi sur le côté philosophique de l'épée, sur ses avantages physiques et ses rapports avec d'autres sciences.

* CERESA, DI TERENZIANO, 1641 (italien).

L'Esercizio della Spada regolato con la perfetta idea della Scherma et insegnato dalla Maestramano di Terenziano Ceresa Parmegiano, Detto l'Eremita. Opera utile e necessaria a chiunque desidera uscire vittorioso dalli colpi della Spada nemica. Dedicata Al Sig. Tamaso Palvnci nobile Anconitano. Ancôna per M. Saluioni. 1641. Con licenza de'superiori.

In-4°. — Dédicace. Avant-propos.

CHAPMAN, GEORGE [22], 1861 (anglais).

Foil practice; with a review of the Art of Fencing, according to the theories of La Boëssière, Hamon, Gomard and Grisier.

For the use of military classes, instructors in the army, and others. By George Chapman, Hon. Sec. London Fencing-Club. (Late capt. H. M. Militia, member of hon. Artillery comp., etc.) — London : Published by W. Clowes and Sons, 14, Charing Cross. 1861.

In-8° renfermant 4 planches lithographiées

Exposé d'une méthode simplifiée qui dénote chez son auteur une parfaite connaissance de l'art français.

CHAPMAN, George, 1864 (anglais).

Notes and observations on the Art of Fencing. A sequel to 'Foil practice'. By George Chapman, Capt. Late of H. M. Militia. Part. I. No I. London : Clowes, 1864.

In-8°, 2 tableaux de planches lithographiées.

Petit recueil d'observations faisant suite au Traité précédent.

CHATELAIN (le Chevalier), 1817 (français).

Traité d'escrime à pied et à cheval, contenant la démonstration des positions, bottes, parades, feintes, ruses, et généralement tous les coups d'armes connus dans les Académies, par le Cher Chatelain, officier supérieur de cavalerie.

Paris, chez Maginel, Anselin et Pochard, libraires pour l'art militaire. Et chez Delaunay, galerie de Bois (Palais-Royal), 1817. De l'imprimerie de Cordier à Paris.

In-8°, 9 planches lithographiées, hors texte.

CHATELAIN (le Chevalier). En 1818, une

seconde édition de l'œuvre de Chatelain, augmentée de leçons de sabre, a été imprimée chez Demonville, à Paris. Magimel, éditeur.

CORDELOIS, 1862 (français).

Leçons d'armes par Cordelois. Du duel et de l'assaut. Théorie complète sur l'art de l'escrime. Gravures sur acier par M. Brown, professeur à l'Académie des Beaux-Arts de Bruxelles. Paris : chez l'auteur, 23, rue de Provence, et à la Salle d'armes de la Maison Dorée. 1862.

Grand in-8° : 28 gravures tirées hors texte.

Cordelois était un des maîtres estimés de la capitale, et son traité se recommande surtout par ses théories sur l'attaque.

CORDELOIS. — En 1872, la librairie Dumaine fit paraître, conformément à l'édition originale, une seconde édition de l'ouvrage de Cordelois, à laquelle est ajouté un portrait du maître et un chapitre historique.

CUCALA y BRUNO, 1854 (espagnol).

Tratado de Esgrima, por D. Jose Cucala y Bruno, Caballero teniente mayor del reino y examinador en la ciencia filosofica y matematica en la destreza de las armas en todos los dominios de Espana.

Comprende : La esgrima del flotete; tres guardias de sable de infanteria ; tres divisiones del de caballeria, etc.; con 24 laminas.

Madrid, Imprenta de Julian Pena, 1854.

In-8°; 24 planches imprimées hors texte.

* DANET, Guillaume[21], 1766-67 (français).

L'art des armes, ou la manière la plus certaine de se servir utilement de l'épée, soit pour attaquer, soit pour se défendre, simplifiée et démontrée dans toute son étendue et sa perfection, suivant les meilleurs principes de théorie et de pratique adoptés actuellement en France. — Ouvrage nécessaire à la jeune noblesse, aux militaires et à ceux qui se destinent au service du Roi, aux personnes même qui, par la distinction de leur état, ou par leurs charges, sont obligées de porter l'épée; et à ceux qui veulent faire profession des armes. Dédié à S. A. Monseigneur le Prince de Conty. — Par M. Danet, Écuyer, Syndic-Garde des Ordres de la Compagnie des Maîtres en fait d'armes des Académies du Roi en la Ville et Faubourgs de Paris, 1766.

Tome second, contenant la réfutation des critiques et la suite du même Traité, 1767.

Prix des deux volumes : 12 livres, reliés.

A Paris, Herissant fils, rue Saint-Jacques.

Avec approbation et privilège du Roi.

Deux in-8° qui parurent à un an d'intervalle, renfermant : un frontispice, le portrait de l'auteur et 43 planches tirées hors texte et gravées sur cuivre par Taraval, d'après les dessins de Vaxcillère. « *Le chiffre des planches indiqué sur les titres de l'ouvrage est inexact.* »

Epître dédicatoire. Préface. Introduction.

L'ouvrage de Danet fut une révolte contre la routine des principes jusqu'alors suivis par l'Académie d'armes de Paris; aussi employa-t-elle tous les moyens pour étouffer l'école nouvelle créée par Danet, école dont nous suivons en partie aujourd'hui les bases principales.

Danet a été pour l'escrime du XVIIIe siècle ce que Liancourt avait été pour celle du XVIIe, c'est-à-dire un créateur audacieux en même temps qu'un réformateur habile et nécessaire. Son ouvrage doit d'être classé parmi ceux qui ont rendu le plus de services à la cause de notre art et de son enseignement.

* DANET. En l'an VI de la République, une seconde édition de l'œuvre de Danet, en

tous points conforme à la première, fut imprimée à Paris, chez Belin, rue Saint-Jacques, et vendue 11 francs.

DEMEUSE, Nicolas[24], 1778 (en français). Nouveau traité de l'art des armes, dans lequel on établit les principes certains de cet art, et où l'on enseigne les moyens les plus simples de les mettre en pratique. — Ouvrage nécessaire aux personnes qui se destinent aux armes, et utile à celles qui veulent se rappeler des principes qu'on leur a enseignés; avec des figures en taille-douce. — Par M. Nicolas Demeuse, Garde-du-corps de S. A. S. le Prince-Évêque de Liége, et Maître en fait d'armes. — A Liége, 1778, chez Desoer, imprimeur sur le pont d'Isle, et chez l'auteur derrière le Palais.

In-12, renfermant les armes de M. de Graillet et 14 gravures sur cuivre, hors texte.

Épître dédicatoire. Introduction.

Le mérite de ce Traité lui a valu trois éditions; on y reconnaît le savoir d'un maître qui a étudié les anciens auteurs et qui possède toutes les ressources de l'art moderne. Demeuse est un des démonstrateurs, rares jusqu'alors, qui réclament, de la part de l'élève déjà formé, une exécution déduite des sensations ressenties dans le contact de l'épée adverse.

DEMEUSE, 1786 (en français). — Une deuxième édition, avec les mêmes gravures et sans les armes de M. de Graillet, fut publiée à Liége en 1786, chez Desoer.

DEMEUSE, s. d., vers 1800 (français).

Une troisième édition, ornée de 14 planches en taille-douce, différentes des deux premières éditions, fut publiée vers 1800 à Lille, par l'imprimerie de Blocquel.

On y a ajouté un Dictionnaire d'escrime.

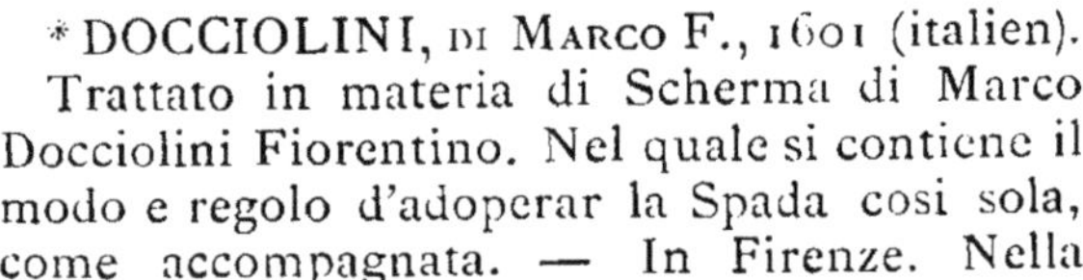

* DOCCIOLINI, di Marco F., 1601 (italien).

Trattato in materia di Scherma di Marco Docciolini Fiorentino. Nel quale si contiene il modo e regolo d'adoperar la Spada cosi sola, come accompagnata. — In Firenze. Nella stamperia di Michelagnolo Sermartelli, — 1601. — Dédié à Don Giovanni Médici. — In-4°.

DONON, Le Chev, vers 1830 (français).

L'escrime moderne ou nouveau traité simplifié de l'art des armes, par le Chevalier D., ex-adjudant-major des ci-devant lanciers polonais. — Lithog. de Helbig.

In-8°, titre gravé, 13 planches au trait.

Dédicace signée au Maréchal duc de Dalmatie; avis aux maîtres des régiments. Le maître d'escrime, poème héroï-comique. Avant-propos.

Pourrait être attribué au maître d'armes de Molière.

DONON, le Chevalier, 1843 (français). Manuel des armes ou guide des professeurs. Nouveau traité simplifié. — Paris, imprimerie de A. Appert, 1843. — In-12.

A défaut de théories, l'auteur offre des conseils variés aux maîtres.

DOYLE, Alexander, 1715 (allemand). Neu altmodische Ritterlische Fecht und schirm Kunst. — Nürenberg und Frankfurt zu finden bey Paul Lochnern, 1715.

Petit in-4° oblong. — Grand frontispice contenant en médaillon le portrait du maître signé : Conrad Reiff, et 59 gravures sur cuivre. Le titre est en deux couleurs. Dédicace.

DUENAS, D. Gregorio M., 1881 (espagnol). Ensayo de un tratado de Esgrima de florete por Gregorio Duenas, Caballero de la ordin del merito militar y professor de Esgrima de la Academia de infanteria. Toledo, 1881. In-8°.

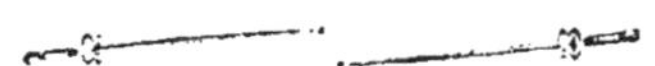

EINSIDELL, Conrad, 1612 (allemand).

Neues Kunstliches Fechtbuch des Weitberümten und viel erfahrnen Italienischen Fechtmeister *Hieronymi Cavalcabo* von Bononien Stievorn aus dem geschrieben welschem exemplar durch monsieur de Villamont Ritter de Ordens zù Jerusalem und Konig Mt° in Frankreich Cammer Juncker, in französische Sprache transferirt. Nun aber allen Loblichen Fechtkunst Lieblabem zù gefallen aus gemelter französischer Sprach verdenselt durch Conrad von Einsidell.— 1612.

In-4° oblong avec frontispice qui encadre le titre et 6 planches sur cuivre et hors texte.

Dédicaces aux Princes et Ducs d'Allemagne.

EISELEN, 1818 (en allemand).

L'escrime du sabre de l'Ecole des Tournois de Berlin. — Berlin, 1818.

EMBRY, J.-A., 1857-59 (français).

Dictionnaire raisonné d'escrime ou principes de l'art des armes d'après la méthode enseignée par les premiers professeurs de France, précédé de l'histoire de l'escrime et de l'analyse de l'histoire de France dans ses rapports avec l'escrime et le duel.

Ouvrage indispensable aux officiers, aux maîtres et prévôts d'armes des régiments, aux professeurs d'escrime des collèges, aux praticiens, et généralement à toutes les personnes qui veulent enseigner ou apprendre cet art.

Par J.-A. Embry, auteur de divers ouvrages d'instruction publique. Paris, chez A. Courcier, rue Hautefeuille, 9.—Toulouse, chez Bompard, libraire, rue du Taur, 2, et chez les principaux libraires de France. — 1857 et 1859.

In-8º en deux volumes; portrait de l'auteur et une planche, lithographiés.

L'ouvrage de Embry prouve de grandes recherches et restera un guide instructif et intéressant pour tout escrimeur.

Il se termine par une sorte de dictionnaire de l'escrime qui en explique les termes et les différents usages.

ENRICHETTI, Cesare, 1871 (italien).

Trattato elementare teorico-pratico di Scherma. Opera originale di Cesare Enrichetti Maestro-Capo e direttore di Scherma alla Scuola Centrale di Parma.

Parma, 1871, dalla typografia editrice di Pietro Grazioli, St S. Lucia, nº 15.

In-8º renfermant 6 planches lithographiées.

ESCHER, J.-Baptiste, 1843 (en français).

Méthode d'escrime.— Fribourg, 1843. In-8º.

L'un des deux seuls livres qui aient été faits en Suisse sur l'art de l'escrime.

* ETTENHARD, A. (DE), 1697 (espagnol).
De la verdadera Destreza, par Don Francisco Antonio de Ettenhard y Abarca. — En Madrid, en la Imprenta de Ruiz Murga, 1697.
In-4°. — 4 planches sur cuivre, hors texte. Dédicace à Charles II. Approbations.

* FABRIS[25], SALVATOR, 1606 (italien).
De lo Schermo overo scienza d'arme di Salvator Fabris Capo del Ordine dei sette Cori. Copenhassen, Henrico Waltkirch, 1606.
In-folio, renfermant : un frontispice gravé sur cuivre au verso et au recto, encadrant le titre ; portrait de Christian IV, roi de Danemarck, à qui l'ouvrage est dédié ; portrait de l'auteur, placé à la fin du premier livre, et 190 planches sur cuivre par I. Halbeeck, dans le texte.

Salvator Fabris a été un chef d'école très répandu ; son ouvrage, dont on connait cinq éditions et traductions, est remarquable, tant par ses gravures que par le développement important qu'il a su donner à ses théories.

* FABRIS, Salvator, 1624 (italien).

Della vera pratica e scienza d'armi, etc... Opera di Salvator Fabris. — In Padoua, per Pietro-Paolo Tozzi. 1624.

In-folio. Dédicace. Au lecteur.

Dans cette deuxième édition, le frontispice gravé est remplacé par un titre imprimé ; les portraits et les planches sont les mêmes.

---

* FABRIS, S., 1619 (traduction allemande).

Der Kunstreichen vnd weitberümeten Fechtmeisters S. Fabris, Italianische Fechtkunst, etc. Leiden, bey Isaack Elzevier. — Anno, 1619.

In-folio avec titre rouge et noir ; 190 figures sur bois. — Épitre dédicatoire d'I. Elzevier au Roi Gustave-Adolphe.

Cette traduction faite par les Elzeviers, avec nouvelles gravures sur bois, prouve le mérite reconnu de l'œuvre de Fabris.

---

* FABRIS, S., 1677 (italien et allemand).

Scienza e pratica d'arme di Salvatore Fabris, Capo dell' Ordine dei sette cuori.

Das ist : Herrn Salvatore Fabris, obristen

des Ritter Ordens der Sieben Hertzen, Italianische Fecht Kunst, etc. Von Iohann Ioachim Hynitzschen Exercitien Meister. Leipzig. Gedruckt bey Michael Boge. 1677.

In-4°, avec titre en deux couleurs, et texte en deux colonnes « italien et traduction allemande; » les planches, à l'exception du frontispice qui n'existe pas ici, sont les mêmes que celles de l'édition originale de Fabris. — Le portrait de ce Maître y est représenté en buste sur le monument qui fut érigé à sa mémoire par Padoue, sa ville natale.

L'ouvrage contient également le portrait d'un certain Herr Heinrich, qui paraît avoir patronné cette œuvre, qu'Hynischen, disciple fervent des théories de Fabris, a traduit et fait imprimer.

FABRIS, S. En 1713, une édition conforme à la précédente, mais avec une addition dans le titre, a été faite également à Leipzig.

FALLOPIA, Alfonso, 1584 (italien).

Nuovo et brieve modo di Schermire di Alfonso Fallopia Lvechese, Alfiere nella Fortezza di Bergamo. — All'illustrissimo et Ecc. svo Signore, il Sig. Rainvtio Farnese, Principe di Parma. — In Bergamo, 1584. — Appresso Comin Ventura. — In-4°. — Plaquette.

Petit traité dans lequel sont condensés les principes décrits par Agrippa et Marozzo.

FEHN, A., 1876 (allemand).
Fechtschule von A. Fehn, Fechtmeister. Heidelberg, 1876. In-8°; tableau lithographié.

FLORIO, Blasco, 1820 (italien).
Di riposta ad alcune dimande di Scherma littere di Blasco Florio. — Al. signor Gennaro Belluzi Fucile maestro d'arme nella R. paggiera e collegio di Marino, e in alcuni Istuti d'educazione di Napoli. — Catania, 1820. — Della tipografia di la Magna. — In-8°.

FLORIO, Blasco, 1825 (italien).
Discorso sulla utilita'della Scherma di Florio. Messina, Presso G. Fuimara. 1825. — In-4°.

FLORIO, Blasco. — En 1828, une seconde édition, peu modifiée, de cette œuvre de Florio, fut imprimée à Catane par Pappalardo.

FLORIO, Blasco, 1856 (italien).
Osservazioni critico. — Apologetiche all' opera titolata istituzione di arte gimnastica, dirette si professori di Scherma in Napoli da Blasco Florio. — Catania, 1856. — Tipografia del reale ospizio di beneficenza. — In-8°.

FOUGÈRE, 1828 (français).

L'art de ne jamais être tué ni blessé en Duel, sans avoir pris aucune leçon d'armes et lors même qu'on aurait affaire au premier Tireur de l'univers.

Enseigné en dix leçons par M. Fougère, ex-Maître d'Armes de la Vieille-Garde. — Avec gravure. — Paris, librairie française et étrangère, Palais-Royal, galerie de Bois. — 1828.

In-12. — Dédicace. Préface.

Facétie à la fois morale et amusante.

* FRÉVILLE (CHEV^{er} DE)[26], 1775 (en français).

Maximes et instructions sur l'art de tirer les armes. — Saint-Pétersbourg, 1775.

In-4°, avec portrait de l'auteur.

* FRÉVILLE (CHEV^{er} DE). — En 1799, une seconde édition a été faite à Leipzig.

* Vers 1795, un élève du Chev^{er} de Fréville a publié à Saint-Pétersbourg un traité de l'art de l'escrime. — In-4°.

GAMBOGI, Conte Michele, 1837 (italien).

Trattato sulla Scherma opera del Conte Michele Gambogi, antico militare italiano. — Adorna di Figure incise da Guiseppe Rados. Milano, 1837. Della tipografia di R. Fanfani.

In-4° oblong, dédié al Sig. Conte Francesco Annoni; renfermant le portrait de l'auteur et 56 planches lithographiées et hors texte.

Dédicace. Au Lecteur.

GERONAT Y ENSENAT, 1877 (espagnol).

Esgrima del Sable escrita por el oficial de Caballeria Don Frederico Geronat y Ensenat. — Edicion de lujo ilustrada con 19 laminas.— Los pedidos se haràn à D. Ricardo Fortanet, calle de la Libertad, 29, Madrid, 1877.

In-8°; renfermant 19 planches lithographiées.

* GIGANTI, Nicoletto, 1606 (italien).

Teatro-Nel quale sono rappresentate diverse maniere e mode di parare, et di ferire di Spada sola, e di Spada, e Pugnale; — Dove ogni studioso potrà essercitarsi e farsi prattico nella proffessione dell' Armi. Di Nicoletto Giganti Vinitiano.—Al Sereniss. D. Cosmo Di Medici, Gran Principe di Toscana. In Venetia, Appresso Gio, Antonio et G. de Franceschi, 1606.

In-4° oblong, renfermant un frontispice aux armes des Médicis, un portrait de l'auteur et 42 planches sur cuivre et hors texte.

L'ouvrage de Giganti est classé parmi les anciens italiens importants; ses gravures, à défaut d'un grand caractère artistique, ont une originalité bien marquée.

Ce maître est regardé comme l'inventeur du *développement* tel qu'on le pratique encore aujourd'hui.

* GIGANTI, 1619 (français et allemand).

Escrime nouvelle ou Théâtre auquel sont représentées diverses manières de parer et de frapper, d'espée seule et d'espée et poignard ensemble, démontrées par figures entaillées en cuivre — publié — en faveur de ceux qui se délectent en ce très noble exercice des armes, — par Nicolot Giganti Venetien — et traduit en langue française par Jacques de Zeter.

Francofurti Apudla : de Zeter, 1619.

In-4° oblong, avec titre encadré dans le frontispice, portrait de Giganti et 42 planches sur cuivre et tirées hors texte.

Chaque page de la partie théorique de l'ouvrage est divisé en deux colonnes : l'une renferme la traduction française et l'autre la traduction allemande.

L'exécution de ce livre, ses gravures surtout, sont plus importantes que celles de l'édition originale.

GIGANTI. — En 1628, une seconde édition, conforme à l'édition de 1606, fut imprimée à Padoue, par Paolo Frambotto.

Dans cette édition, dédiée au très illustre seigneur Lazaro Stvbicka de Koenigsten, le frontispice est supprimé.

GILLET, A., 1875 (français).

L'Escrime rendue facile et classique; traité théorique et pratique à l'usage de l'enseignement et des amateurs, par Gillet, d'après M. Lacrette, professeur. — Paris, Dumaine, 1875.

In-18, avec trois figures au trait.

GAIANI, A., 1619 (italien).

Arte di maneggiar la Spada a piedi, et a cavallo, descritta dall' Alfiero Gio. Battista Gaiani, e Dedicata Ai. Serenessimi Prencipi Vittorio Amadeo e Francesco Tomaso di Savoia.

Opera per le nuoue osseruationi già desiderata. — In Loano, Appresso Francesco Castello, 1619. Con licenza de svperiori. — In-4°.

Dédicace. au Lecteur. Introduction.

Les premiers chapitres sont consacrés à d'intéressantes études sur le maître d'armes.

* GIRARD, P.-J.-F., 1736-1737 (français).

Nouveau Traité de la Perfection sur le fait des armes, dédié au Roi, par le sieur P.-J.-F. Girard, ancien officier de marine. Enseignant la manière de combattre, de l'épée de pointe seule, toutes les gardes étrangères, l'espadon, les piques, hallebardes, etc., tels qu'ils se pratiquent aujourd'huy dans l'art militaire de France. Orné de figures en taille-douce. — A Paris, 1736.

In-4° oblong, renfermant : deux titres différents, dont l'un est encadré dans un frontispice, dessiné et gravé sur cuivre par Herblot; ce frontispice porte la date de 1736; le titre suivant porte la date de 1737, le portrait de l'auteur fait et gravé sur cuivre par Jacques de Favanne, 116 gravures sur cuivre hors texte.

Préface. Avertissement. Au lecteur.

L'édition originale de Girard a eu deux tirages différents : le premier, daté 1736, ne contient pas de frontispice; l'autre, daté 1736 et 1737, renferme un frontispice.

L'auteur a beaucoup plus copié ses devanciers qu'il n'a cherché à perfectionner les principes exposés par eux.

Au point de vue bibliographique, l'œuvre de Girard, la première édition surtout, mérite attention ; les planches sont originales, l'impression et les ornements soignés.

GIRARD. — En 1740, une seconde édition

de l'œuvre de Girard fut imprimée à La Haye, chez Pierre de Hondt, conformément à l'originale, avec cette différence que le frontispice est supprimé et que l'ouvrage prend pour titre : l'ACADÉMIE DE L'HOMME D'ÉPÉE.

GIRARD. — En 1755, une troisième édition, en tous points semblable à la seconde, fut de nouveau imprimée à La Haye.

* GOMARD, Poisselier, 1845 (français).

La théorie de l'Escrime, enseignée par une méthode simple basée sur l'observation de la nature, précédée d'une introduction dans laquelle sont résumés par ordre de dates tous les principaux ouvrages sur l'Escrime qui ont paru jusqu'à ce jour, et donnant ainsi l'historique abrégé de l'art des armes depuis le commencement du XVIe siècle.

Par A.-J.-J. Poisselier, dit Gomard, ancien professeur d'escrime des mousquetaires gris, des pages du Roi, de l'Ecole royale polytechnique, du Conservatoire de musique, etc., Chevalier de l'ordre de Saint-Sylvestre. — Dédiée à M. le comte de Bondy, pair de France. — Illustrée de 20 dessins faits d'après nature, par Th. Guérin. — Paris, Dumaine, 1845.

In-8°, 20 planches lithographiées.

Dédicace. Préface. Liste des Ouvrages consultés par l'auteur. Introduction. Explications.

Gomard mérite, avec La Boëssière, d'être

placé en tête des auteurs français dont les œuvres ont le plus contribué à établir clairement les principes de l'art moderne et à perfectionner son enseignement.

Son ouvrage, auquel un seul reproche pourrait être fait, celui d'avoir une progression difficile à saisir, n'en est pas moins un guide sûr, et il a cet avantage sur l'œuvre de La Boëssière de n'être pas seulement écrit pour des professeurs.

Il faut savoir gré à ce maître d'avoir osé entreprendre une revue rétrospective de son art; la tâche était difficile, et le chapître qu'il lui a consacré est unique et précieux pour notre École française.

* GORDINE, Gérard, 1754 (français).

Principes et quintessence des armes.

Dédié à S. A. Jean-Théodore, duc des Deux Bavières, cardinal de la sainte Église romaine, évêque et prince de Liége, etc., par Gérard Gordine, capitaine et maître en fait d'armes.

A Liége, chez S. Bourguignon, imprimeur de la noble Cité, rue Neuvice.—Avec privilége de Sa Sérénissime Eminence.

Petit in-4°, avec titre encadré, 20 gravures sur cuivre, par Jacoby, hors texte. Dédicace.

Gordine n'hésite pas à rejeter certains

principes établis et à les remplacer par d'autres, auxquels il donne son nom.

---

* GRASSI, GIACOMO DI, 1570 (italien).

Ragione di adoprar sicvramente l'Arme si da offesa, come da difesa; con un Trattato dell' inganno, et con un modo di essercitarsi da se stesso, per acquistare forza, giudicio, et prestezza, di Giacomo di Grassi. Con privilegio.— In Venetia, appresso Giordano Ziletti, 1570.

In-4°, renfermant un portrait de Grassi, avec gravures sur cuivre tirées dans le texte.

Dédicace. Au lecteur.

Quoique Grassi n'ait eu qu'une seule édition, on trouve dans son ouvrage un portrait qui n'est pas le même pour tous les exemplaires; il existe donc deux portraits de Grassi.

Plusieurs auteurs ne semblent pas accorder à Grassi la place qui lui revient dans l'escrime de son époque. Sans vouloir le comparer à Marozzo et à Agrippa, il faut lui reconnaître certaines tendances artistiques qui ont dû être pour quelque chose dans le choix qu'a fait Saint-Didier, notre premier auteur français. Ce dernier, en effet, dans la composition de son ouvrage, a pris Grassi pour guide principal, et à ce titre, le traité du maître italien a pour nous un caractère éminemment intéressant.

* GRISIER, A., 1847 (français).

Les armes et le duel, par A. Grisier, professeur de LL. AA. RR. les princes fils du Roi, à l'École polytechnique, etc., etc.

Ouvrage agréé par l'Empereur de Russie.

Préface anecdotique, par Alexandre Dumas.

Notice sur l'auteur, par Roger de Beauvoir. Épître en vers, par Méry. Lettre du comte de Hombourg. — Dessins par E. de Beaumont. A Paris, chez Garnier. — 1847.

Grand in-8° : portrait gravé du Chevalier de Saint-Georges et 10 planches lithographiées.

L'ouvrage de Grisier, qu'on pourrait appeler l'escrime littéraire, est à coup sûr, au point de vue des caractères généraux de notre art, par son côté historique et par les appréciations de l'auteur, un des ouvrages les plus intéressants et des mieux écrits que nous possédions.

On ne peut malheureusement lui reconnaître un mérite égal dans ses raisonnements didactiques, ni le comparer aux ouvrages de La Boëssière et de Gomard qui, sans être aussi brillants de style, accusent plus de science et sont plus pratiques.

GRISIER, A. — Dans la même année (1847), une seconde édition de l'ouvrage de Grisier fut imprimée conformément à l'édition originale. Le portrait du Maître y est ajouté, lithographié d'après un tableau de Pellegrin.

GRISIER. — En 1864, une troisième édition de l'ouvrage de Grisier, revue, corrigée et augmentée, fut imprimée à Paris, chez Dentu. Le portrait du Maître diffère de celui de la seconde édition et est signé : É. Lassalle.

* GUNTERRODT, A., 1579 (en latin).
De veris principiis artis dimicatoriæ.— Wittemberg, 1579(?) In-4°.

Ce traité est indiqué chez certains auteurs comme ayant été imprimé à Venise.

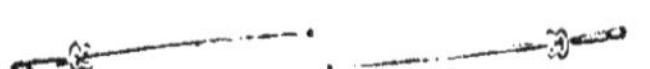

HAMON, P. G., 1827 (français).
Manuel de gymnastique suivi d'un Traité sur l'art des armes, par Hamon, maître en fait d'armes. — Londres, 1827.
In-8°, avec planches lithographiées.

HAPELSMACHER, 1783 (allemand).

Traité des suites funestes d'une escrime qui ne serait pas basée sur des règles certaines. — Helmstadt, 1783. — In-8°.

HERGSELL, Gustav, 1881 (autrichien).

Die Fechtkunst. Von Gustav Hergsell K. Landes-Fechtmeister zu Prag. K. K. Oberlieutenant Der N. A. Landwehr. — Mit. 22 tafeln nach der natur aufgenommen. — Wien. Pest. Leipzig. — A. Hartleben's Verlag. 1881.

In-8°, avec faux titre et titre ornés; 22 planches au trait tirées hors texte.

Méthode de fleuret et de sabre, qui semble inspirée de l'œuvre de Grisier.

HEUSSLER, Sebastian, 1630 (allemand).

Neu Kunstlich Fechtbuch zum dritten mal auffgelegt und mit vielen schönen stücken verbessert. Als des : Sig. Salvator Fabri de Padua und sig. Rud. Capo di Ferro, wie auch anderer Italienischen und Französischen Fechter, etc.

Durch Sebastian Heussler. Kriegsmann und Freyfechter von Nürnberg—Gedruckt zù Nürnberg durch Simon Halbmayerr. Inverlegung, Balthasar Gaymoren. — 1630.

In-4° oblong, avec figurines sur cuivre.

HEUSSLER, SEBASTIAN, 1665 (allemand).

Künstliches Abprobrites und Nützliches Fecht-Buch von Einfachen und doppelten degen fechten, damitein ieder seinen Leib Defendirn Kan. Durch Sebastian Heussler Nürnberg — bey Paulus Fursten Kunsthandler. — 1665.

Petit in-4° oblong avec un frontispice et 124 gravures empruntées aux ouvrages de Capo di Ferro, Fabris et autres auteurs. Plusieurs de ces gravures sont répétées.

* HOPE, WILLIAM-W.-H., 1687 (écossais).

Scots Fencing-Master (*Le Maître d'armes Écossais)*, or compleat small-swordman, etc.

By W. H. gent. — Edinburgh, Printed by John Reid, Anno Dom. 1687.

In-8°; 12 planches sur cuivre, hors texte.

Privilège. Dédicace à la noblesse écossaise. Lettre. Avertissement.

Le premier livre d'escrime qui ait paru dans les Trois-Royaumes.

William Hope, gentilhomme écossais, consacra la plus grande partie de sa vie à l'étude de l'art des armes où il acquit une célébrité. Dans la suite et à des intervalles de quelques années, il publia trois autres ouvrages ici mentionnés et qui prouvent les progrès obtenus par lui, en même temps que l'impulsion et l'encouragement qu'il sut donner à l'escrime dans son pays.

* HOPE, WILLIAM. — En 1692, une seconde édition de : The scots Fencing-Master (Le Maître d'Armes écossais), fut publiée à Londres avec ce nouveau titre : The Compleat Fencing-Master : In wich is fully described the whole Guards, Parades and Lessons, Belonging to the Small-sword, etc.

Illustrated with Figures Engraven on Copper-plates, representing the most necessary Postures. — The second Edition.

By sir W. Hope, Kt. — London, Printed for Dorman. Arms in the Poultrey, 1692.

Les planches sont les mêmes que celles de l'édition originale et le texte semblable.

* HOPE, WILLIAM, 1694 (anglais).

The Sword-Man's Vade Mecum : or, a preservative against the surprize of a sudden Attack with sharps, etc.

By sir William Hope, Kt. Author of the Compleat Fencing-Masters. — London : Printed, and are to be sold by J. Taylor at the ship in St. Paul's Church-Yard, and S. Holford at the Crown in the Pall-Mall, 1694.

In-8. Préface. Lettre.

Dans ce petit guide, ou Vade-Mecum de l'escrimeur, comme l'indique son titre,

William Hope présente une étude sur les qualités qu'il faut développer chez l'homme d'épée et la fait suivre de remarques et d'observations pratiques empruntées à différents maîtres et auteurs.

Cet ouvrage contient une lettre curieuse adressée à William Hope par un Maître d'armes écossais, William Machrie, qui était *juge et arbitre dans le noble art de l'épée.*

---

* HOPE, William, 1707 (anglais).

A New, short, and Easy Method of Fencing : or, The Art of the Broad and Small-Sword rectified and compendiz'd Wherein, etc.

By sir William Hope of Balcomie, Baronet, Late Governour of the Castle of Edinburg.

« *Gladiatura, non solum ad honoris, Vitœque conservationem ; sed etiam ad Corporis atque animœ relaxationem, perquam necessaria.* » — Edinburg : Printed by J. Watson, in Craig's-Closs, on the North-fide of the Cross. 1707.

In-4° renfermant 16 gravures sur cuivre tirées dans une grande feuille pliée.

Dédicace. Avertissement aux Maîtres.

Considérée comme l'œuvre principale de W. Hope et contient en dehors de la question didactique qui est fort bien traitée, une série de réflexions et des conseils aux maîtres et amateurs.

Le livre donne aussi les détails concernant l'institution d'une Société Royale d'escrime à établir en Écosse, avec ses règles, libertés et immunités. A l'époque des premiers projets de cette Société en 1692, dont W. Hope fut l'instigateur, une décoration spéciale fut créée et donnée à ses premiers membres. Le modèle de cette décoration se trouve reproduit en gravure dans un ouvrage de Hope, qui est ici mentionné, et qui fut publié en 1724.

* HOPE.—En 1714, une seconde édition de cette œuvre de William Hope fut réimprimée à Edimbourg, dans le format in-8°.

---

* HOPE, William, 1724 (anglais).

A Vindication of the true Art of Self-Defence. With a proposal to the Honourable Members of Parliament for Erecting a Court of Honour in Great-Britain. Recommended to all gentlemen, but particularly to the soldiery. To wich is annexed a Short, but very useful Memorial for Sword-Men.

By sir William Hope Baronet, late Deputy-Governour of Edinburg Castle.

Edinburgh : Printed by W. Brown, 1724. In-8° renfermant les 16 planches indiquées dans l'ouvrage précédent et le modèle de la décoration dont nous avons parlé plus haut et qui forme ici le frontispice de l'ouvrage.

W. Hope s'occupe surtout d'une sorte de règlement du duel et du point d'honneur, développant ses avis sur la manière de régler les rencontres.

HUND, 1611 (allemand).
L'Art de l'Escrime avec le fleuret. Leipzig, 1611. — In-4°.

* KAHN, Friedrich-A., 1739 (allemand).
Anfangsgrùnde Der Fechtkunst nebst einer Borrede von dem Nutzem der Fechtkunst und den Fortzùgen dieser Anweisung heraus gegeben von Anthon Friedrich Kahn, Fechtmeister auf der Georgius Augustus Universitàt zu Goettingen. — Goettingen, Gedruckt bey Schultzen Universitàst-Buchdrucker. 1739.

In-4° contenant un portrait de l'auteur, gravé sur cuivre par F. Fritsch, d'après un tableau de Cuerland et 25 planches à 3 gravures sur cuivre tirées hors texte. Ces planches ont été dessinées par Schmauss Mathem et gravées par Fritsch, de l'Académie de Gœttingue.

Dédicace. Préface.

Kahn fut un des Maîtres les plus remarquables de l'Allemagne, et le traité qu'il a composé a fait autorité à cette époque. Des gravures de cet ouvrage ont été exécutées d'après des peintures de Cuerland.

KAHN. — En 1761, une seconde édition de l'œuvre de Kahn, en tous points conforme à l'édition originale, fut imprimée à Helmstädt, chez Christian Friedrich Weygrand.

KIEMMAN, Heinrich, 1834 (allemand).

Traité complet d'escrime d'après les principes. — Lepzig, 1834. — In-8°.

KOPPEN, 1619 (en allemand).

Discours sur l'art de l'escrime. — Magdebourg, 1619. — In-folio.

KOTHE, Friedrick, 1841 (allemand).

Das Ganze der Fechtkunst oder : Ausführliches Lehrbuch, die Fechtkunst in ihren verschiedenen zweigen gründlich zu erlernen; von F. Kòthe, Nordhausen, 1841. — In-8°.

LABAT, vers 1690 (français).

In-12.— Imprimé à Toulouse, avec planches.

* LABAT[27], 1696 (français).

L'art en fait d'armes, ou de l'épée seule, avec les attitudes, dédié à monseigneur le Comte d'Armaignac, Grand Écuyer de France, etc., par le sieur Labat, Maître en fait d'armes, de la Ville et Académie de Toulouse.

A Toulouse, chez J. Boude, imprimeur du Roy, des Estats de la Province de Languedoc, de la Cour, etc. — Se débitent chez l'auteur, prez les Jacobins. — 1696, avec permission.

Petit in-8° renfermant 12 planches gravées sur cuivre, par Simonin, et tirées hors texte. Dédicace. Préface. Permission.

Ce Traité est un de ceux qui ont contribué à établir la supériorité de l'École française.

Avec un aspect moins brillant et moins étendu que les ouvrages de : de la Touche, le Perche et de Liancour, ce petit livre de Labat est, au point de vue technique, un des plus sérieux de cette époque, et on peut en donner la preuve en constatant que le Traité d'Angelo, à Londres, 1763 ; celui de Martin, à Strasbourg, 1734 ; celui d'Andrew Mahon, à Dublin, 1734, suivent la marche indiquée par ce Maître.

A la fin, Labat nous donne une pièce, la seule en ce genre qui nous soit connue, à savoir : une copie du règlement des anciens Assauts. Celui dont il nous expose les différents articles était en vigueur dans les concours d'escrime des Jeux floraux et à l'Académie d'armes[28] de Toulouse.

* LABAT, 1701 (français).

Questions sur l'art en fait d'armes ou de l'épée, dédiées à monseigneur le duc de Bourgogne, par le sieur Labat, Maître au dit art de la Ville et Académie de Toulouse.

A Toulouse, chez M. G. Robert, maître ès-arts et imprimeur à la rüe Sainte-Ursule. Avec permission, 1701.—Se débitent chez l'Autheur, près les Jacobins.

Petit in-4°. — Dédicace, préface, permission.

Dans ce petit questionnaire, l'auteur prouve une fois de plus sa connaissance parfaite de son art et les soins qu'il apportait à son enseignement.

LAFAUGÈRE, Justin [2°], 1820 (français).

Traité de l'art de faire des armes, par M. L.-J. Lafaugère. Prix : 6 francs. — Se vend chez l'auteur, rue Mulet, n° 22, Lyon, 1820.

In-8° : 2 tableaux de planches pliées, au trait. Dédicace au baron d'Ivry. Notice historique.

La méthode de Lafaugère, un peu établie par lui d'après des dispositions et des moyens qui lui étaient exceptionnellement personnels, est reconnue d'une application et d'un enseignement difficiles.

Il en est peu d'ailleurs, qui pourront profiter de l'étude de ces grands déplacements de main et de pointe et de ces théories de coups compliqués qui ont fait de Lafaugère un tireur merveilleux, il est vrai, mais unique dans son genre.

LAFAUGÈRE. — En 1825, une seconde

édition du traité de Lafaugère, renfermant un portrait militaire de l'auteur, a été imprimée à Paris, par Bouchard, rue des Petites-Ecuries.

LAFAUGÈRE, J., 1841 ? (français).

L'esprit de l'escrime, poème didactique, par J. Lafaugère, auteur d'un traité de l'art de faire des armes. — Paris, Garnier, libraire-éditeur. A Lyon, chez l'auteur, place des Terreaux. — Imprimerie de Klefer, Versailles.

In-8°, renfermant un portrait de l'auteur lithographié, signé E. Sans. — Considérations préliminaires par de Tourgon-Montbar.

Dédicace au duc de Rohan, prince de Léon. Avertissement de l'auteur.

Tiré à 600 exemplaires et vendu au bénéfice des inondés de Lyon.

Sans que l'on puisse comparer, au point de vue du style, ce poème à celui de Lhomandie, il faut cependant applaudir à l'essai littéraire du maître d'armes qui à su exprimer en vers un langage aussi difficile que celui de l'escrime raisonnée.

A l'occasion de ce livre, Lafaugère fit à la mémoire de son maître le quatrain suivant :

« Généreux Daressy, dans la nuit éternelle,
Le temps n'emporte pas les talents, les bienfaits.
Aux soupirs de mon cœur ton souvenir se mêle,
Comme ta gloire à mes succès. »

LAMBERTINI, Vittorio, 1870 (italien).

Trattato di scherma. Teorico pratico illustrato della moderna Scuola italiana di Spada et Sciabola. Dedicato al nobil signore Conte Aldobrando Malvezzi de Medici.

Opera originale del Maestro d'armi Vittorio Lambertini. — Bologna, Presso l'autore, Via Luigi Zamboni. — 1870.

In-8° renfermant un frontispice lithographié encadrant les trois portraits des Lambertini ; 29 planches lithographiées et tirées hors texte.

Lambertini donne en tête de son livre une notice bibliographique sur l'escrime.

* LEBKOMMER, H., 1529-36? (allemand).

Der Altenn Fechter // an fengliche Kunst. Mit sampt verborge // nen heymlicheyttenn, Kâmpffens/ Ringens/ Werffens, etc. Figürlich fürgemalet, Biszher, ni an tag kommen.

(Eléments de l'art de vieux Maîtres d'Armes.)

Zü Franckfurt am Meyn, Chr. Egen. *(A la fin)*. Zü Franckfurt am Meyn, Bei Christian Egenolph. S. d. In-4° ; avec figures sur bois.

Note tirée du catalogue de la bibliothèque Firmin-Didot dans la vente de laquelle ce livre est monté à 850 francs.

« Livre extrêmement rare dont l'édition in-folio a seule été décrite au Manuel. *Les gravures sur bois, imprimées dans le texte, sont deHans Brosamer, d'après les dessins d'Albert*

Dürer, *qui se trouvent dans l'*Oplodidascalia, *manuscrit conservé dans la bibliothèque de la Madeleine, à Breslau. Le texte est de Hans Lebkommer de Nuremberg.* »

Premier livre connu sur l'escrime allemande.

* LEBRUN. — Vers 1750 (français).
Galimatias. — Paris.

Tout fait supposer que ce petit ouvrage introuvable, du célèbre maître français Lebrun, est une sorte de satire dirigée contre plusieurs Écoles de son temps.

Des livres d'alors en font seuls mention.

LEGOUVÉ, Ernest, 1872 (français).
Un tournoi au xixe siècle, par E. Legouvé, de l'Académie française, Lemerre, éd. 1872.
In-4°, avec titre en deux couleurs.

Plaquette donnant la physionomie historique d'un assaut dans la Salle d'armes de Robert aîné, avec des considérations philosophiques sur l'escrime.

LEGOUVÉ, E., 1876 (français).

Deux épées brisées (*Bertrand et Robert*), par Ernest Legouvé. Paris, Ollendorff, 1876.

« *Tout Français étant obligé de servir, tout Français doit savoir tenir une épée.* »

In-8°, dédié au prince Georges Bibesco.

Aperçu biographique sur les deux célèbres Maîtres Bertrand et Robert aîné.

LHOMANDIE, P.-F.-M., 1821 (français).

La Xiphonomie, ou l'art de l'escrime, poëme didactique en quatre chants; par P.-F.-M. L., amateur, élève de feu Texier de la Boëssière.

Angoulême. Imprimerie Broquisse, 1821.

In-8°. Dédicace au comte de Bondy [30].

Exposé des éléments de l'escrime dans l'avant-propos, suivi de l'historique et d'une théorie de l'épée présentés en vers d'une façon aussi exacte et logique qu'élégante.

LHOMANDIE, P.-F.-M., 1840 (français).

En 1840, une seconde édition de la Xiphonomie parut à Angoulême ; par Lefraise.

Cette seconde édition, quoique corrigée et augmentée, est moins intéressante; on n'y trouve plus les notes historiques de l'édition originale ; la partie technique y est plus développée et les vers remaniés.

---

* LIANCOUR [31], WERNESSON DE, 1686 (français).

Le Maistre d'armes ou l'Exercice de l'espée seulle dans sa perfection.—Dédié à Monseigneur le duc de Bourgogne par le sieur de Liancour. Les attitudes des figures de ce liure ont esté posées par le sieur de Liancour et gravées par A. Perrelle.— A Paris, chez l'auteur, fauxbourg St-Germain, rüe des Boucheries.

In-4° oblong, renfermant : un frontispice encadrant le faux titre, un titre, le portrait de Liancour gravé sur cuivre par Langlois, d'après un tableau de Monet, et 14 planches sur cuivre par Perrelle et tirées hors texte.

Dédicace. Préface.

Les premiers exemplaires de l'œuvre de Liancour ne contiennent pas le *privilège*, ils sont de suite reconnaissables par cette remarque qu'ils ne portent, au bas du titre, ni date, ni indication de privilège.

Liancour aurait sans doute cherché tout d'abord à se soustraire aux coûts et charges de cette formalité, et il en aurait éprouvé des tracas judiciaires ; on peut le prévoir par la formule du privilège dont il dut aussitôt se pourvoir, et qui porte « *par grâce et privilège du roy* ».

Le traité de Liancour, qui fut un réformateur, est justement considéré comme un des beaux et des meilleurs ouvrages qu'a produits notre ancienne escrime.

Non seulement les Maîtres français, mais bon nombre d'auteurs étrangers de son époque, le citent et ont souvent puisé dans ses théories qui ont fait École et qui ont placé Liancour à la tête de l'escrime française du XVIIe siècle.

* LIANCOUR. — En 1692, une seconde édition de l'œuvre de Liancour a été imprimée à Amsterdam, chez la Fueille.

Cette édition, dont le format est réduit, ne contient pas le portrait du Maître; le frontispice et les planches y ont été regravés en faible imitation de ceux de l'édition originale.

LIPSIUS, Justus, 1604 (en latin).

Ivsti Lipsi Saturnalivm sermonum libri duo; qvi de Gladiatoribus. Editio vltima et castigatissima. Cum æneis Figuris. — Antverpiæ, ex officina Plantiniana, apud Ioannem Moretum. cIↃ. IↃ. C. IV. Cum Privilegiis Cæsareo et Regio.

In-4°, contenant 4 gravures sur cuivre, hors texte et 10 gravures dans le texte.

Dédicace. Lettre.

Livre dont il existe plusieurs éditions. J'indique ici la dernière, regardée comme une des meilleures par les soins apportés à l'impression et aux planches qui ont été refaites.

La présence de cet ouvrage est expliquée dans cette bibliographie par le côté fantaisiste, mais intéressant, des actions d'épée que présentent les planches, et par l'historique du rôle et des coutumes des gladiateurs dans l'ancienne Rome.

LONNERGANN. — 1772 (anglais).

Le Guide de l'escrime. Londres, 1772. In-8°.

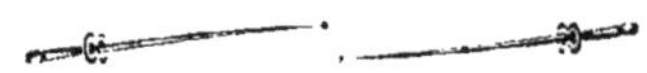

* MAHON, ANDREW, 1734 (irlandais).

The art of Fencing, or the use of the Small Sword. Translated from the *French* of the late celebrated Monsieur L'ABBAT, master of that Art at the Academy of Toulouse.

By A. Mahon, professor of the Small Sword.

Dublin : Printed by James Hoey, at the sign of Mercury in Skinner Row, 1734.

In-12, avec 12 planches sur cuivre, hors texte.

Traduction en anglais du traité de 1696, de Labat. Les planches y ont été copiées. Le seul Traité connu en Irlande.

* MANCIOLINO, ANTONIO, 1531 (italien).
Di Antonio Manciolino Bolognese opera nova dove li sono tutti li documenti et vantaggi che si ponno havere nel mestier de l'Armi d'ogni sorte novemente correcta et stampata. Venegia per N. d'Aristotile detto Zoppino. 1531.

In-8° avec figures sur bois dans le texte.

Un des premiers traités italiens, n'indiquant qu'une ébauche des bases de l'escrime. Les gravures sont de simples ornements étrangers au texte.

MANGANO, GUIDO-ANTONIO, 1781, italien.
Riflessioni filosofiche sulla Scherma.
Pavie, 1781. — In-8°.

* MARCELLI, F.-Antonio, 1686 (italien).

Regole della Scherma insegnate da Lelio, e Titta Marcelli, scritte da Francesco Antonio Marcelli figlio e nipote e Maestro di Scherma in Roma. Opera non meno utile che necessaria a chiunque desidera far profitto ni questa Professione. Dedicata alla sacra Real Maesta di Christina Alessandra Regina di Svetia.

(Parte Prima). Regole della Spada sola.

In Roma. Nella Stamperia di Dom. Ant. Ercole 1686. — Con licenza de' superiori.

(2e partie). Regole della Scherma, parte seconda. Nella quale si spiegano le Regole della Spada, e del Pugnale. Insegnate da Titta Marcelli. Con le regole di maneggiar la Spada col' Brocchiere, Targa, Rotella, Cappa, Lanterna. Co'l modo di Giocar la Spada contro la Sciabla, etc. *(Comme ci-dessus.)*

In-4° en deux parties, avec un frontispice renfermant sept portraits en médaillons gravés sur cuivre et représentant les maîtres de la famille Marcelli; gravures sur cuivre dans le texte.

L'ouvrage de Marcelli renferme une petite revue bibliographique, et l'escrime italienne de cette époque y est représentée avec les améliorations apportées par les Marcelli. Les planches, très naïves, sont de l'auteur lui-même.

MARCHIONNI, Alberto, 1847 (italien).
Trattato di Scherma sopra un nuovo sistema di Guioco misto di Scuola Italiana et Francese. Opera originale di Alberto Marchionni.
Firenze. Dai Sipi di Federigo Bencini.—1847.
In-8°; 5 planches et gravures dans le texte.

Exposé d'un système assez répandu en Italie et qui consiste un un mélange d'école italienne et française, appelé : jeu mixte.

MARCO, Alessandro di, 1758 (italien).
Ragionamenti Accademici intorno all' arte della Scherma di di Marco, professore di Scherma Napoletano. Napoli, 1758. — In-8°.

MARCO, Alessandro di, 1759 (italien).
Discorsi instruttivi ne quali si tratta in particolare interno all' arte della Scherma, da A. di Marco. Napoli, 1759.— In-8°.

MARCO, Alesandro di, 1761 (italien).
Riflessioni fisiche e geometriche circa la misura del tempo, ed equilibrio di quello, e della natural disposizione, ed agilta del competitore in materia di Scherma, etc.

Di Alesandro di Marco, professore di Scherma Napolitano, maestro de due nobili Collegy Capece, e Macedonio, e d'altri cavalieri.

Dedicato all ill., ed exc. Signore Francesco Capece Minutolo Patrizio Napolitano. In Napoli, 1761. Con licenza de superiori.— In-12.

* MAROZZO, ACHILLE, 1536 (italien).

Opera nova de Achille Marozzo, Bolognese, Maestro Generale de l'arte de l'armi.

(*A la fin*) : Mutinae, in œdibus venerabilis. D. Antonii Bergolæ Sacerdotis, Ac Civis Mutin. XXIII, Idus Maii, 1536.

In-4°, frontispice gravé sur bois et encadrant le titre ; 82 planches également sur bois ; plusieurs d'entre elles se répètent. Dédicace.

On reconnaît chez Marozzo le produit, non d'une de ces impressions monastiques si répandues alors, mais bien d'une presse particulière exploitée par Antoine Bergola, prêtre de Modène.

Les figures qui accompagnent le texte formeraient la partie la plus remarquable de cet ouvrage, s'il ne se distinguait pas de beaucoup d'autres livres ornés par une singularité plus curieuse encore et plus rare. Dans sa dernière partie, qui a pour sujet le combat au poignard, il n'y a pas deux pages dont la justification soit la même! Au lieu des parallélogrammes habituels, ce sont des losanges, des hanaps, des verres à boire, des figures pyramidales où le typographe semble avoir épuisé tous les moyens de dessiner une page avec un composteur.

Marozzo est le premier auteur qui ait écrit sur l'escrime d'une façon à peu près définie; ses devanciers n'ont fait qu'ébaucher quelques principes; les auteurs qui ont écrit après lui le consultent souvent.

' MAROZZO, 1550 (2e édition).
Stampata in Venetia par Gioãne Padouano. Ad nistantia de Marchior Sessa. — 1550.

La seconde édition de Marozzo reproduit exactement la première.

---

⁴ MAROZZO, vers 1568 (3e édition).
Une troisième édition, qui ne porte ni date ni lieu d'impression, et qui donne exactement le frontispice et les planches sur bois des deux premières éditions, mais avec des caractères d'impression différents, a été faite vers 1568.

Cette hypothèse de date repose sur la

grande similitude d'impression qui existe entre cette édition et celle qui suit dont les planches sont gravées sur cuivre, et qui parut aussi en 1568.

* MAROZZO, 1568 (4e édition).

Arte dell' Armi de Achille Marozzo Bolognese, Ricorretto, et ornato di nuove figure in rame, In Venetia appresso A. Pinargenti. 1568.

In-4°; frontispice contenant le titre; planches sur cuivre dans le texte.

Dédicace à Don Giovanni Manriche par le peintre Giulio Fontana, aux soins duquel on doit cette édition remaniée.

Cet ouvrage, que quelques auteurs considèrent à tort comme étant l'œuvre de Marozzo fils, n'est en réalité que la quatrième édition du livre précédent; mais les planches sont sur cuivre au lieu d'être sur bois, et dans le texte; les progrès faits dans l'intervalle qui s'est écoulé depuis la première édition ont été consignés.

A ce point de vue, il nous représente exactement les résultats alors acquis dans le maniement de l'épée et prouve la supériorité de l'école italienne à cette époque.

MAROZZO. — En 1615, une cinquième édition, conforme à la quatrième, parut à Vérone.

MARTELLI, C., 1819 (anglais).

An improved system of Fencing wherein the use of the small word, etc. By C. Martelli, Late Pupil of the Academy at Florence, and Perceptor to many of the Nobility of Paris. — London : Printed by J. Chancery Bailey, Lane, 1819.

In-12 avec une planche pliée contenant 12 gravures sur cuivre. — Préface.

MARTIN, 1737 (français).

Le Maistre d'armes ou l'abrégé de l'exercice de l'épée, démontré par le sieur Martin, Maistre en fait d'armes de l'Académie de Strasbourg. Orné de figures en taille-douce. A Strasbourg, chez l'auteur, au Poël des Maréchaux. — 1737.

In-12 avec 16 planches sur cuivre, hors texte.

Approbation des Maistres jurés de Paris. Dédicace à Monsieur de Klinglin. Avis au lecteur.

Les gravures, naïvement dessinées, sont, ainsi que le texte, inspirés du Labat.

* MENDOZA Y QUIXADA, 1675 (espagnol).

Resumen de la Verdadera destreza de las Armas, etc. A la C. S. R. M. de D. Carlos II. N. Señor Rey de las Españas, año 1675.

Por D. Miguel Perez de Mendoza y Quixada quien aliciono y enseño la Destreza à su Alteza el Serenissimo Senor, D. Baltasar Carlos (que Dios tiene), de la camarà del Serenissimo Señor, Don Juan de Austria, y su Maestro de la Destreza, natural de la Ciudad de Logroño.

Con privilegio. — En Madrid por F. Sanz.

Petit in-4°. Dédicace.

MERELO, 1878 (espagnol).

Manual de Esgrima, recapitulacion de las tretas mas principales que constituyen la verdadera esgrima del sable español y del florete.

Por D. José Merelo y Casademunt, professor de esgrima, que ha sido de varias Academias militares, y en la actualidad, de la del cuerpo administrativo del ejercito.

Madrid, establecimiento typografico de R. Labajos, calle de la Cabeza. 1878. In-8° oblong.

* MEYER, Joachim, 1570 (allemand).

Gründtliche Besthreibung, der freyen Ritterlichen und Adelichen kunst des fechtens/ in allerley gebreuchlichen Mehrem/ mit vil schönen und nüzlichen Figuren gezieret und fürgestellet. *Description du libre, chevaleresque et noble art des escrimeurs, par Joachim Meyer, Maître d'armes à Strasbourg.* — 1570.

(*A la fin*) Getruckt zü Strasburg bey Thiebolt Berger com Weynmarkt züm Treubel.

In-4° oblong renfermant un frontispice gravé sur bois encadrant le titre en rouge et noir; au verso, les armes du duc de Bavière, formant second frontispice et 71 gravures également sur bois. Plusieurs gravures se répètent.

Introduction. Préface.

Meyer est le plus renommé des anciens Maîtres d'armes allemands, et son splendide ouvrage, avec celui de Lebkommer et de Jacob Sutor, sont les plus importants de ceux parus en Allemagne. Le frontispice et les planches, chargés d'ornements divers, peuvent être classés dans les meilleures productions en gravures sur bois de la vieille École allemande.

Meyer a fait œuvre originale dans la méthode qu'il indique, et il a, de plus, le mérite de nous faire connaître toutes les formes de l'escrime usitée alors en Allemagne.

MEYER. — En 1610, une seconde édition de l'œuvre de Meyer, en tous points conforme à la première, fut imprimée à Augsbourg.

L'impression de cette édition est moins

soignée et les planches apparaissent fatiguées, ce qui ferait croire que l'édition originale a été tirée à assez grand nombre.

MICHELI, MICHELE, 1798 (italien).

Trattato in lode della nobile e cavalleresca arte della Scherma. Directo ai Nobili e Cittadini Toscani. — In Firenze, 1798. Nella stamperia grand ducale. Con approvazione.

Petite brochure in-8°.

* MILLER, J. (CAPITAIN), 1738 (en anglais).

In-folio, album d'escrime sans titre, par Miller; comprenant 15 planches richement ornementées et encadrées ; les gravures ont été dessinées et gravées par Scotin.

La première page représente un portrait de Miller, d'après un tableau de P. le Bouteux. A gauche de ce portrait se trouve une dédicace, à droite une colonne serrée de texte explicatif.

Les ornements de toutes les planches sont différents et encadrent les armes de plusieurs Princes et Seigneurs à chacun desquels une planche est dédiée.

Cet Album est une des beautés bibliographiques de l'escrime.

MILLOTTE, 1864 (français).
Traité d'escrime, pointe, par Millotte. Paris, Dumaine, libraire de l'empereur. 1864. In-18.

Petit manuel destiné à l'armée.

MONICA, Francesco, 1680 (italien).
La Scherma Napolitano. Parma, 1680.

MONTAG, J.-B., s. d. (allemand).
Neue praktische fechtschule auf Hieb und Stoss, sowie auf Stoss gegen hieb und hieb gegen Stoss. von J.-B. Montag Lehrer der Fechtkunst, — Wriezen a. D. Verlag. von F. Riemschneider. *(Imprimé vers 1840.)*
In-8°; 15 planches lithographiées, hors texte.

MOREAU [32], 1815 (français).
Essai sur l'art de l'escrime, par Moreau, maître d'escrime et capitaine retraité.
Nantes, 1815. — In-8°.

* NAVARRE, C., 1775 (français).

L'art de vaincre par l'épée, dédié à messieurs les Gardes-du-Corps du Roi de la Compagnie de Noailles, par M. C. Navarre, Maître d'armes de la première Compagnie de la Maison du Roi. — Prix : 24 sols.

A Paris, chez les libraires du Palais-Royal et du quai de Gesvres; à Versailles, chez les libraires de la galerie des Princes — 1775 — avec approbation de la Compagnie. — In-18.

Résumé didactique et règlements alors en usage dans les Salles d'armes.

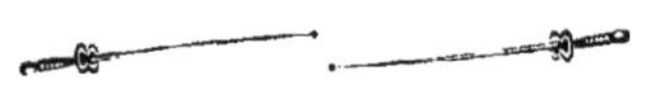

* OLIVIER, 1771 (français et anglais).

L'art des armes simplifié, ou nouveau traité sur la manière de se servir de l'épée, enrichi de figures en taille-douce, représentant toutes les différentes attitudes d'où dépendent les principes et la grâce de cet art, peintes d'après nature; exécutées supérieurement et de la manière la plus élégante.

Par M. Olivier. Élève de l'Académie Royale de Paris et maître en fait d'armes.

Sine Regula, sine Delectatione.

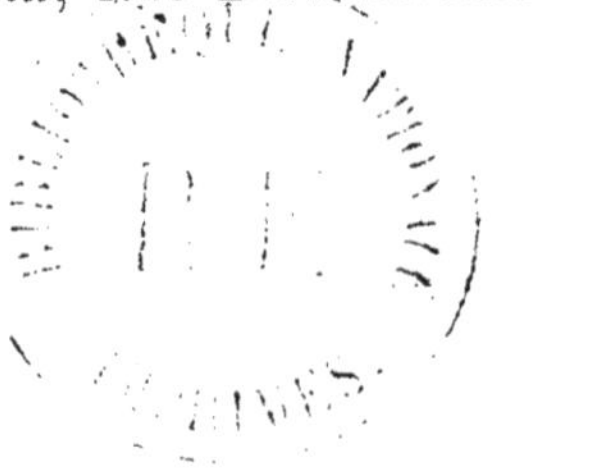

A Londres : chez Jean Bell, libraire, près d'Exeter Change, dans le Strand. 1771.

In-8° avec frontispice, représentant l'intérieur animé de la Salle d'armes d'Olivier, à Londres, dessiné et gravé par Ovenden; 8 planches gravées sur cuivre, par Ovenden, et tirées hors texte. Le titre et le texte sont donnés en anglais et en français. Dédicace. Préface.

L'auteur présente dans ce traité les principes de l'escrime tels qu'ils étaient alors enseignés par l'Académie d'armes de Paris, où Olivier avait été élève.

* OLIVIER.—En 1780, une seconde édition revue et corrigée de l'œuvre d'Olivier, fut imprimée à Londres, de nouveau chez J. Bell, et dédiée au comte d'Aharrington, dont les armes y sont représentées.

Ce traité renferme le même frontispice, mais 14 autres planches dessinées par J. Roberts, gravées sur cuivre par D. Jinkins, Goldar, W. Blake, C. Grignon, et tirées hors texte.

Ces gravures sont supérieures à celles de la 1re édition, mais mal numérotées.

* PACHECO DE NARVAEZ, Don Luys, 1599-1600 (espagnol).

Libro de las Grandezas de la Espada (*les Grandeurs de l'Épée*) en qve se declaran Mvchos secretos del que compuso el Comendador Geronimo de Carrança. En el qual cada vno se podrà licionar, y deprender à solas, sin tener necessidad de Maestro que lo enseñe.

Dirigido à don Felipe III, Rey de las Españas y de la mayor parte del mundo, N. S.

Compuesto por D. Luys Pacheco de Naruaez, natural de la ciudad de Baeça, y vezino en la islas de gran Canaria, y Sargento mayor de la de Lançarote. — Con privilegio.

En Madrid, por los herederos de I. Iniguez de Lequérica. Anno 1600. Este libro tiene, 85 pliegos, vendese en la calle de Santiago.

In-4°, renfermant : un frontispice gravé sur bois encadrant le titre, le portrait de l'auteur, 2 figures sur bois hors texte et de nombreuses petites gravures sur bois dans le texte.

Approbation. Dédicace au roi. Privilège royal. Sonnets. Prologue. Au lecteur. Lettre. Résumé.

Tous les exemplaires de cet ouvrage ne sont pas semblables; certains renferment le portrait du Maître et un titre orné.

Si on en juge par les sonnets et les éloges insérés dans ce livre, à l'adresse de l'auteur, on peut affirmer que Pacheco de Narvaez eut en Espagne un succès égal à celui de St-Didier en France et d'Agrippa en Italie.

Narvaez reconnaît avoir suivi les principes de Geronimo de Carrança, qu'il qualifie : d'*inventeur de la Science de l'Épée.*

Ses explications sont aidées par de petites gravures représentant les divers engagements de deux épées : leurs croisements, leurs angles et les lignes qu'elles doivent suivre pour les différents coups.

* PACHECO DE NARVAEZ, Don Lvis, 1612 (espagnol).

Compendio de la filosofia y destreza de las armas, de Geronimo de Carrança. Por Don Lvis Pacheco de Naruaez. A Don F. de Rojas y Sandoual, segundo Duque de Cea. Con licencia. En Madrid, por L. Sanchez, año 1612. In-4°, quelques gravures sur bois dans le texte.

Dédicace. Au lecteur.

Cet ouvrage, également fait d'après les principes de Carrança, est une sorte de complément du traité précédent.

L'auteur cherche aussi à y établir les rapports de son art avec d'autres sciences et à en démontrer les avantages physiques.

* PACHECO DE NARUAEZ, Don Lvis, 1625 (espagnol).

Modo facil y nvevo para examinarse los Maestros en la destreza de las armas; y entender sus cien conclusiones, o formas de Saber. Dirigido al Senor Vvolfango Guillermo, conte Palatino del Rhin, duque de Bauiera, etc.

Por Don Lvis Pacheco de Naruaez, Maestro del Rey, Nuestro Senor, en la filosofia, y destreza de las armas, y mayor en los Reynos de España.

En Madrid, Por Luis Sanchez, año de 1625.

Approbations. Dédicace. Préface. Petit in-8°.

* PACHECO DE NARVAEZ, Don Lvis, 1672 (espagnol).

Nveva ciencia, y filosofia de la destreza de las armas, sv teorica, y practica. A la Magestad de Felipe quarto, Rey, y Senor nvestro de las Espanas. y de la mayor parte del Mundo.

Por Don Lvis Pacheco de Narvaez sv Maestro, y mayor en todos sus Reynos y Senorios.

Con privilegio. — En Madrid : Por Melchor Sanchez. Año de 1672. A costa de Manuel de Sossa, assentista de su Magestad.

Préface. Sonnets. Approbation. Licence. In-8°.

Narvaez, le fils, sans doute, du précédent, a enrichi son Traité d'extraits et de citations tirés d'auteurs dont il donne les noms.

PAGANO, Marc Antonio, 1553 (italien).
Disciplina dell'arme. — Napoli, 1553. In-4°.

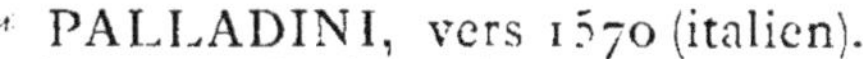

* PALLADINI, vers 1570 (italien).
Discorso di Camillo Palladini Bolognese sopra l'arte della Scherma, come l'arte della Scherma è necessaria a chi si diletta d'Arme.

In-4° oblong, renfermant 42 dessins originaux au crayon rouge.

L'œuvre de Palladini [33] est manuscrite et n'a jamais été imprimée : il faut le regretter, car, quoique partisan des principes établis par Agrippa, l'auteur présente bon nombre d'aperçus nouveaux et mérite d'être placé à côté de Grassi, Capoferrus et Giganti.

* PALLAVICINI, 1670 (italien).
La scherma illvstrata composta da Morsicato Pallavicini Palermitano maestro di scherma. — In Palermo por Domenico d'Anselmo, 1670.

In-folio, comprenant deux parties. — La première partie contient un frontispice avec portrait, un titre avec armes et 31 planches tirées dans le texte, le tout gravé sur cuivre.

La seconde partie contient le même frontispice avec portrait et 36 planches.

Dédicace. Au Lecteur. Privilège.

Pallavicini expose une méthode qui vise particulièrement à obtenir de l'élégance dans le maniement de l'épée.

Le grand nombre de gravures qui se trouvent intercalées dans son texte explique le titre d'*Escrime illustrée* qu'il a donné à cet ouvrage.

* PASCHEN, 1664 (allemand).

Van Johann Georg Paschen. — Kurtze iedoch deutliche beschreibung handlend fom Fechtenauf den Stoss und Hieb. — Hall in Sachsen. — Gedrucht bey Melchior Delschlegeln. — *(A la fin de la première partie) :* Gedruckt im iahr 1664.

Petit in-folio. Titre orné d'une gravure et 43 planches sur cuivre hors texte représentant 173 positions.

Dédicace à Jean-Adolphe, duc de Saxe.

* LE PERCHE [34], 1676 (français).

L'exercice des armes ou le maniement du fleuret. — Pour ayder la mémoire de ceux qui sont amateurs de cet art, par Le Perche, ce vand à Paris, chés N. Bonnart rüe St-Jacques à l'Aigle.

In-4° oblong; frontispice encadrant le titre et

35 planches gravées sur cuivre, et tirées hors texte; le texte est également gravé et encadré.

Le livre de Le Perche ne porte ni date ni lieu d'impression, mais d'anciens catalogues nous apprennent que l'ouvrage fut publié à Paris en 1676; le nom de Bonnart, qui figure dans son titre, rend cette date très vraisemblable.

Ce traité présente un texte peu développé, avec des planches naïves; Le Perche n'en compte pas moins parmi nos premiers auteurs français; il faut surtout reconnaître en lui le véritable créateur de la riposte; et si l'on considère que la riposte caractérise en partie la supériorité de l'École française, on comprendra quels services ce Maître a rendus à la cause de son art.

* LE PERCHE. — Vers 1750, une nouvelle édition de l'œuvre de Le Perche fut imprimée à Paris, chez la veuve Chéreau, par les soins d'un Le Perche, descendant de l'auteur.

Dans cette nouvelle édition, 5 planches ont été ajoutées à la fin, et le nom de Bonnart qui, dans le frontispice, figure comme vendeur, a été remplacé par le nom de la veuve Chéreau, qu'on y a regravé; à part ces deux modifications, cette seconde édition est semblable à la première.

PEREZ, G., 1878 (italien).

Il sistema di Spada Radaelli guidicato dall' arte della scherma Lavoro, critico di G. Perez.

Verona. — Tip. di Gaetano Franchini, 1878.

In-4° : 7 planches lithographiées et pliées.

PÉREZ, Miguel, 1665 (espagnol).

Dextérité dans les armes. Madrid, 1665. In-4°.

---

*PERINAT, D. Juan Nicolas, 1758 (espagnol).

Arte d'esgrimir florete y sab[e] por los principios mas seguros facilie e intelligibles.

Por D. Juan Nicolas Perinat, Maestro de Esgrima en la R[e] Académia de Cavalleros Guardias Marinas, princera obra tocante a este Arte. — Año de 1758; (*à la fin*) : en Cadix. En la Imprenta de la Real Academia de Cavalleros Guardias Marinas.

Petit in-4° oblong; 36 planches sur cuivre.

PERVENCHÈRE, R. DE LA, 1867 (français).
Essais sur l'escrime, par R. de la Pervenchère. — Nantes. — Quai de la Fosse, 25. — Imprimerie du Commerce, Ev. Mangin, 1867. In-8°.

POLLNITZ, L., 1820 (allemand).
Das hiebfechten zu fuss and zu pferde. — Halberstadt, 1820. In-8°.

POLLNITZ. — En 1825, une seconde édition a été faite dans la même ville.

POLYCARPE, DE S^t^, 1588 (français).
Sonnets contre les escrimeurs et duellistes, par l'abbé de St Polycarpe. — Paris, Jamet Mattayer, 1588. Petit in-4° de 10 feuillets, réglé sur velin fleurdelisé.

PONITZ, CARL ÉDOUARD, 1828 (allemand).
Die Fechtkunst auf den stoss; nach den grundsatzen des Herrn von Selmnitz und einiger andern Lehrer diser Kunst; bearbeitet von Carl Édouard Ponitz.
Dresden und Leipzig, 1828. In-8°.

PREVOST, s. d. (vers 1860) (en français).
Théorie pratique de l'escrime simplifiée pour l'enseignement mutuel, par Pierre Prévost. — Londres, Nissin et Parker. Plaquette in-8°.

Prévost a résumé les principes enseignés par le fameux Bertrand à la Salle d'armes duquel il avait été attaché plusieurs années.

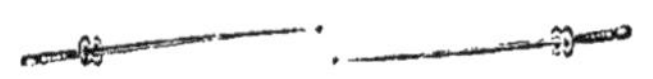

QUEHL, 1866 (allemand).
Anweisung zur Fechtin auf stoss und hieb mit einer Anleitung zum Unnterricht grosserer abtheilungen ein Fechtin insbefondere in Turnvereinen; von Fr. W. Quehl. Lehrer der Fechtkunst an der Universitat.
Erlangen, Ferlag von E. Befold, 1866. In-18.

Petit Manuel à l'usage des étudiants.

QUIJADA, 1675 (espagnol).
Dextérité dans les armes. Madrid, 1675. In-4°.

* QUINTINO, Antonio, 1613 (italien).

Gioielo di sapienza nel quale si contengono mirabili secreti e necessarii avertimenti per difendersi da gli huomini e da molti animali, etc. Nuouamente dato in luce da me Antonio Quintino, ad instanza d'ogni spirito gentile. — Stampata in Genova, et ristampata in Milano per Pandolfo Malatesta, 1613.

In-12, renfermant un portrait de Quintino et 15 gravures sur bois dans le texte.

Curieux guide de défense qui indique la façon de se tirer d'affaire dans toutes espèces de mauvaises rencontres.

* RADA D. [illegible] de, 1705 (espagnol).

Experiencia del' instrumento armigero espada. — Por el Maestro de Campo D. Francisco Lorenz De Rada.

En Madrid, 1705, por Diego Martinez, abad, impresor de libros, vive en la calle de la Gorgyera.

Petit in-folio, avec frontispice; titre en rouge et noir encadré et 16 planches sur cuivre.

RADAELLI, GIUSEPPE, 1876 (italien).

Istruzione per la Scherma di Sciobala et di Spada del Prof. Giuseppe Radaelli, scrita d'ordine del Ministero della Guerra dal Capitano S. del Frate. — Prezzo L. 7,50. Milano. Litografia Gaetano Barofilo, via della Sala, 1876.

In-4°, avec 10 planches lithographiées et pliées. — Avertissement.

Radaelli a voulu créer une méthode dont les disciples nombreux, d'ailleurs, portent le nom de Radaellistes.

Cette méthode, que décrit ici le capitaine del Frate, est généralement suivie dans l'armée, mais se trouve souvent en lutte avec d'autres écoles italiennes.

RAMIS, HEINRICH, 1771 (allemand).

Anweisung zur Fechtkunst. Mit kupfern. — Berlin, bey August Melius, 1771.

In-12, renfermant 4 figures gravées au trait sur cuivre et tirées hors texte.

Traité à l'usage des Universités.

ROBAGLIA, A., 1864 (français).

Cours complet d'escrime. Théories sur le maniement de l'épée ou l'Art de faire des armes, simplifié et démontré suivant les principes théoriques et pratiques, par Robaglia, capitaine. Imprimerie de Fillon, à Fontenay (Vendée), 1864. In-12. — Avant-propos.

ROBAGLIA, A., 1877 (français).

De l'escrime, d'après les règles et les principes de nos meilleurs professeurs : La Boëssière, Gomard, Lhomandie, Jean-Louis, Lafaugère et Grisier, précédée d'une notice historique sur le fleuret et les salles d'escrime. Par A. R. 16 planches explicatives. Paris, Félix Vernay, éditeur, 1877.

In-8°, avec planches lithographiées dans le texte. — Notice historique.

ROGER, M., 1842 (français).

Principes d'escrime, par Roger, professeur à l'École polytechnique. Paris, 1842. In-12.

ROLAND, JOSEPH, 1809 (anglais).

The Amateur of Fencing, or a Treatise on the Art of Sword-Defence Theoretically and experimentally explained, upon New Principles. Designed chiefly for Persons who have only acquired a superficial knowledge of the subject. By Joseph Roland, Fencing Master, of the Royal Military Academy, Woolwich. Dedicated to his Scholars.

London. Printed for the Author and soldt at his. — Fencing et Broad Sword Academy, n° 12, Greek Street, Soho Square, and at Egertons, Military Bookseller, Charing-Cross. Price seven Shillings, 1809.

In-8°, renfermant une seule gravure sur acier, par Frewer, et posée par l'auteur.

Roland, maître français qui s'établit à Londres, avait été élève, à Paris, du célèbre Danet. Son livre se ressent des principes de ce maître, et Roland a su y ajouter les progrès faits dans son époque.

ROLAND, George, 1823 (écossais).

A treatise on the theory and practice of the Art of Fencing, illustrated with twelve highly finished plates, and continued by easy and progressive lessons, from the simplest position to the most complicated movements. — By George Roland, Fencing-Master at the Royal Academy Edinburgh. — Edinburgh : Printed for archd. constable and company, Edinburgh; Hurst, Robinson and company, London : And sold by the Author at his Fencing Rooms, Royal Manege, Nicholson Street. 1823.

In-8°, avec 12 planches lithographiées, tirées hors texte. Dédicace-Préface.

George Roland, fils du précédent, présente une méthode élégante à laquelle il a joint des notes et remarques qui donnent un intérêt particulier à son ouvrage.

ROLAND, George, 1837 (anglais).

An introductory course of Fencing.

By George Roland, Fencing Master of the Royal Academy, the Scottisch Naval and Military Academy, the Edinburgh Academy, and Author of a Treatise on the Theory and Pratice, of Fencing, etc.;

Edinburgh : Published by the Author, and sold at his class-Rooms, n° 86, South Bridge; and by Oliver et Boyd, Tweed dale court; and Simpkin, Marshall. London, 1837.

In-8°; 5 tableaux lithographiés.

Réduction théorique du livre précédent.

ROLAND. — Une seconde édition en a été imprimée à Edimbourg, sans date.

ROLANDO, Guzman, 1822 (anglais).

The modern art of Fencing agreeably to the practice of the most eminent Masters in Europe. By le sieur Guzman Rolando, of the academie des armes. — Carefully revised and augmented wirth a technical glossary, etc. — By Forsyth, Embellished with numerous plates.

London : Printed for Samuel Leich, 18, Strand, 1822. — London, by S. and R. Bentley, Dorst street.

Petit in-12, avec faux titre, 23 planches tirées en couleur et hors texte, dessinées par W. Derby et gravées par Sid. Hall.

Dédicace au Prince Royal, duc d'York.

A son apparition, plusieurs exemplaires de ce livre ont été reliés uniformément en maroquin vert olive. Dans ce nombre, on recherche ceux qui portent sur les plats de la reliure l'empreinte d'un grand fer représentant deux escrimeurs; au-dessus et au-dessous d'eux, un autre fer marque : *The modern art of fencing.*

ROLANDO, Guzman, 1826 (espagnol traduit de l'anglais).

Nuevo arte de Esgrima, conforme à la pratica de los mejores Maestros de Europa.

Por el senor Guzman Rolando, de la Academia de Armas. — Aumentado y corregido por J. S. Forsyth; y traducido del Ingles por un Militar espanol. Londres : Publicado por Ackermann, 1826. Londres : impreso por Carlos Wood Poppin's Court, Fleet Street. In-12.

Reproduction et traduction espagnole du traité de Rolando. Les 23 planches tirées en couleur y sont également reproduites, mais exécutées avec moins de soin.

ROUX, 1808 (allemand).

Anleitung zur Fechtkunst nach mathématish-physikalischen Grundsatzen bearbeitet von Doctor Johann Wilhelm Roux, Lehrer der Mathematik und Fechtkunst am Pagen-Institute zu Gotha. — Erstes Bandchen. — Die Anleitung zum Stossfechten enthaltend. Mit 10 Kupfern. Jena, in Verlage der akademischen Buchhandlund, 1808.

In-4°, renfermant 5 tableaux de 10 groupes gravés sur cuivre, par Schnorr. — Dans des marges du texte, on a imprimé plusieurs petits dessins d'épées croisées.

Traité imité de l'école italienne, avec cette particularité singulière, que le bras gauche, dans les actions, s'appuie sur la poitrine pour la garantir.

ROUX, 1857 (allemand).

Deutsches paukbuch. — Fon Friederich August Wilhelm Ludwig Roux, Fechtmeister an der Grossherzogl. und Herzogl Sachsischen Gesammt-Universitat zu Iena. Mit acht Tafeln Abbildungen. — Iéna druck und ferlag von Friedrich Mauke, 1857.

In-folio, avec 8 planches lithographiées.

ROSAROLL et GRISETTI, 1803 (italien).

La Scienza della Scherma espota dai due amici Rosaroll Scorza, Capit. dei Zappatori Ital, Agg. allo Stato Magg. del Genio, e Grisetti Pietro Capitano di Artig'lieria italiana.

« ..... Romane, memento
Hæc tibi erunt artes..... » — Virgile.

Milano, 1803. An. II. — Nella Stamperia del Giornale Italico. In-4°; 10 planches au trait lithographiées. Dédicace. Préface.

Rosaroll Scorza et Grisetti Pietro ont entrepris dans cet ouvrage un exposé très étendu des théories de l'épée; il est bien difficile de les suivre dans les calculs et nombreuses formules au moyen desquels ils veulent évaluer et comparer la force, la vigueur et la vitesse en escrime. Il faut toutefois rendre hommage aux travaux de ces deux vaillants escrimeurs, dont l'École napolitaine suit aujourd'hui encore et généralement les principes.

* ROWLANDSON, T., 1798-99 (anglais).

Hungarian and Higland Broad Sword. Twenty-four Plates, designed and etched by T. Rowlandson under the direction of Messrs H. Angelo and son, fencing Masters to the Light Horse volonteers of London and Westminster, dedicated to colonel Herries.

In-folio oblong : Album de 24 planches en couleur (aquatinte).

Rowlandson[37], guidé par Henri Angelo, reproduit ici, tant à pied qu'à cheval, certains mouvements de l'exercice du sabre. Cet album emprunte un grand intérêt à la coloration de ses personnages et au cadre pittoresque dans lequel ils se meuvent.

ROWORTH, C., 1798 (anglais).

The art of defence on foot with the Broad Sword and sabre, uniting the scotch and austrian methods into one regular system. To which are added remarks on the spadroon. — By C. Roworth, of the royal Westminster volunteers. — The second édition. — London : Printed for. T. Egerton, at the military library, near witehall, 1798.

In-8º, avec 8 planches au trait, par Bantrec.

SAINT-ALBIN, A. DE, 1875 (français).

Les salles d'armes de Paris, par A. de Saint-Albin. — Paris, librairie du XIX° siècle, 1875.

In-8°, renfermant un frontispice dessiné et gravé par Courtry et 20 portraits sur cuivre du même graveur.

Les sept premiers de ces portraits ont été gravés d'après des dessins de Carolus Duran.

Dédicace à Alphonse XII. Préface.

---

* SAINCT-DIDIER, H. DE, 1573 (français).

Traicté contenant les secrets dv premier livre svr l'espée sevle, mère de toutes armes, qui sont espée, dague, cappe, targue, bouclier, rondelle, l'espée deux mains et les deux espées, avec ses pourtraictures, ayant les armes au poing pour se deffendre et offencer à vn mesme temps des coups qu'on peut tirer, tout en assaillant qu'en deffendant, fort vtile et profitable pour adextrer la noblesse, et suposts de Mars : redigé par art, ordre et pratique.

Composé par Henry de Sainct-Didier, gentilhomme prouençal.

Dédié à La Maiesté dv Roy très chrestien, Charles nevfiesme. A Paris, imprimé par Iean Mettayer, et Matthurin Challenge, et se vend chez Iean Dalier, sur le pont Sainct-Michel, à l'enseigne de la Rose blanche, 1573. Avec priuilège du Roy.

In-4°, renfermant les portraits en pied du Roi Charles IX, de l'auteur et 128 figures gravées sur bois dans le texte.

Epître au Roi. Chapitre préliminaire sur les secrets de l'espée. Notes. Elégie. Table.

L'ouvrage de Saint-Didier est le premier qui ait paru en France sur l'art de l'escrime, et fit grand bruit à son apparition, si on en juge par les nombreux sonnets et épîtres qui furent adressés à l'auteur et qui sont placés au commencement de son Traité.

Tout, dans ce livre, concourt à en faire une curiosité bibliographique de premier ordre. Son origine, son impression, ses ornements signés, ses gravures estimées au double point de vue des armes et du costume, le portrait en pied du roi Charles IX, celui de l'auteur et sa signature à la dernière page, le font rechercher pour des collections de genres divers.

L'escrime française, dont il nous montre les débuts, emprunte ses bases générales à l'École italienne ; il est d'ailleurs facile de reconnaître que Saint-Didier s'est inspiré des œuvres du célèbre Aggrippa, et de Grassi plus encore.

Toutefois, il faut remarquer dans son Traité certaines tendances et recherches nouvelles qui montrent son désir de quitter la voie tracée par l'École étrangère.

L'œuvre de Saint-Didier a cet autre attrait de nous offrir quelques détails historiques. Il parle de son assaut avec le duc de Guise et raconte sa discussion avec des Italiens (*Fabrice entre autres*), au sujet de principes enseignés par lui.

Les craintes qu'il laisse voir dans le dernier chapitre de son livre, en vue des contrefaçons, et les précautions qu'il prend pour les découvrir par des promesses faites à leurs acquéreurs, nous prouvent la valeur attachée à son œuvre.

C'est au bas de cette petite réclame que se trouve la signature autographe de la main de l'auteur.

Saint-Didier consacre, à la fin de son livre, un chapitre à l'enseignement du jeu de paume, qui lui paraît devoir marcher de front avec le jeu de l'épée.

SAINT-MARTIN [38], J. DE, 1804 (français).

L'art de faire des armes réduit à ses vrais principes. Contenant tous les principes nécessaires à cet art qui y sont expliqués d'une manière claire et intelligible. Cet ouvrage est composé pour la jeune noblesse et pour les personnes qui se destinent au métier de la guerre, ainsi que pour tous ceux qui portent l'épée. On y a joint un traité de l'espadon, où l'on trouve les vrais principes de cet art, qui y sont expliqués d'une façon aisée, et qui est rempli de découvertes vraiment nouvelles.

Dédié à S. A. R. Monseigneur l'Archiduc Charles, par M. J. de Saint-Martin, Maitre d'Armes Impérial de l'Académie Thérésienne, et ancien officier de cavalerie. — Enrichi de 72 figures pour l'intelligence de l'ouvrage. — Vienne, de l'imprimerie de J. Schramble. 1804.

« L'auteur recevra avec reconnaissance les observations sur cet ouvrage, que les maîtres et amateurs de l'art voudront bien lui envoyer, promettant d'en faire une mention honorable, quand l'occasion s'en presentera. — Cet ouvrage se trouve chez l'auteur, à la Leimgruben, n° 155, au premier étage, à Vienne. »

In-4° : Portrait du Maitre, les armes de l'archiduc Charles et 72 planches sur cuivre, hors texte. Dédicace.

SCHMIDT, Johan-A., 1713 (allemand).

Leib-beschirmende und Feinden Trotz-bietende Fecht-Kunst, etc. — von Johann-Andreas Schmidt des H. Rom, Reichs Freyen Stadt Nürnberg, bestellter Fecht und Exerciten-Meister. — Nürnberg verlegt und zu finden bey Johann Christoph Weigel. Drukts Johann Michael Sporlins sel. Wittwe, 1713.

Petit in-8° oblong, avec titre en deux couleurs, le portrait de Schmidt dans sa salle d'armes, et 84 planches gravées au trait sur cui-

vre; bon nombre d'entre elles tirées hors texte.
Dédicace. Épître. Préface au lecteur.

L'ouvrage de Schmidt est curieux par le genre d'ornements de ses planches, et sa méthode ne manque pas d'originalité.

SCHMIDT, 1797 (allemand).
École de l'escrime. — Berlin, 1797. In-4°.

SCHMIDT, J.-F., 1816 (allemand).
Instruction fondamentale sur l'art de l'escrime allemande. — Dresde, 1816. In-4°.

SCHOFFER, von Dietz, 1620 (allemand).
Gründtliche ün eigentliche Beschreibung der freyen Adelichen und Ritterlichen Fechtkunst im einfachen Rappir und im Rappir und Dolch nach Italianischer Manir und art, in zvvey underschiedene Bücher ferfast, un mit 670 Schönen und nothvvendigen Kupfferstucken gezieret, und for Augen gestellt.
Durch Hans Wilhelm Schöffer von Dietz Fecht-Meister in Marpurg.—Getruckt, zu Marpurgk bey Johan Saurn. Anno 1620.
In-4° oblong, renfermant un frontispice en-

cadrant le titre en deux couleurs et 670 gravures tirées dans le texte. Dédicace.

Pastiche amplifié de l'œuvre de Fabris.

SEGERS, J., 1834 (allemand).

Anleitung zum Hiebfechten mit korbrappier, Sabel und Pallasch zum selbstunterrichte auf deutschen Universitaten und mit besonderer Rucksicht auf das Militair herausgegeben von J. Segers, ordentl. Lehrer der Fechtkunst und gymnastischen Uebungen an der Rhein. Friedrich-Wilhelms Universität zu Bonn. — Mit 38 Figuren. — Bonn, 1834, gedruckt auf Kosten des Ferfassers bei Fr. Baaden.

In-8°, 5 planches pliées et gravées au trait.

SEGERS, J., 1836 (allemand).

Anleitung zum Stossfechten nach eigenen Grundsatzen und Erfahrungen herausgegeben fon J. Segers, ordentl. Lehrer der Fechtkunst und gymnastichen Uebungen au der Rhein. Friedrich-Wilhelms. Universität zu Bonn. — Inhaber der goldenen Ferdienstmedaille für Gelehrte und Kunstler. — Mit 16 Figuren. — Bonn, 1836, Ferlag fon T. Habicht.

In-8°, 4 planches pliées et gravées au trait.

---

* SENESE, ALESSANDRO, 1660, italien.

Il vero maneggio di Spada d'A. Senese, gentil'hvomo bolognese. — Dedicato Al Sereniss. Prencipe Ferdinando Carlo Arcidvca d'Avstria.

In Bologna, 1660, per l'Herede di Benacci.

In-folio, renfermant un frontispice et 14 planches sur cuivre, tirées hors texte.

Dédicace. Au lecteur. Approbation. Ode. Épigrammes. Distique.

SIEVERBRUCK, J., 1860 (français).

Manuel pour l'étude des règles de l'escrime au fleuret et à l'espadon, par J. Sieverbruck. Paris, Ch. Tanera, éditeur. 1860.

In-4° avec nombreux sujets d'escrime lithographiés dans le texte, et portrait de l'auteur.

Biographie de l'auteur.

Traduction française du Traité fait par Sieverbruck, maître d'armes russe, dont l'ouvrage parut à St-Pétersbourg en 1852.

SULLIVAN, DANIEL O' 1765 (français).

L'escrime pratique ou principes de la science des armes, par Daniel O' Sullivan, maître en faits d'armes des Académies du Roi.

A Paris, chez Sébastien Jorry, imprimeur-libraire, rue et vis-à-vis la Comédie-Française, au grand Monarque. — 1765. In-8°.

On s'explique peu la date de cet ouvrage dont Danet laisse seulement entrevoir l'apparition dans son Traité de 1766.

Sullivan nous montre succinctement les principes suivis à cette époque par la vieille Académie d'armes.

* SVTORIVM, JAKOB, 1612 (allemand).

New kunstliches Fechtbuch, Das ist, Aussführliche Deschription der Freyen Adelichen und Ritterlichen Kunst dess Fechtens, etc.

Durch den Wolerfahrnen und berühmten Freyfechtern Jacob Svtorivm von Baden.

Gedruckt zu Franckfurt am Maym durch Johann Bringern. — In Ferlegung Willhelm Hoffmans. — 1612.

In-4°, avec gravures sur bois dans le texte.

Le livre de Jakob Sutor's est un des plus estimés de l'escrime allemande, surtout au point de vue des gravures; les costumes et les mouvements qu'elles indiquent sont aussi naïfs que bizarres, et on peut en juger par une des planches qui représente des escrimeurs dansant et jouant de la flûte; leur épée leur sert d'instrument.

En 1849, une reproduction en fac-simile de

l'œuvre de J. Sutor's a été faite à Stuttgard par les soins de J. Scheible.

TAILOR, John, 1804 (en anglais).

L'Art de la défense avec l'épée et le sabre, adoptée pour l'espadon, augmentée des leçons de Tailor. Londres, 1804. In-8°.

TERWANGUE, 1874 (français).

Réflexions techniques et historiques sur l'escrime, par un ancien amateur.—Lille, 1874. Imprimerie Meriaux. In-8°. Plaquette.

THIBAUST, Girard, 1628 (en français).

Académie de l'Espée de Girard Thibaust, d'Anvers, où se démonstrent par reigles mathématiques sur le fondement d'un cercle mystérieux, la théorie et pratique des vrais et iusqu'à présent incognus secrets du maniement des armes à pied et à cheval. 1628.

Grand in-folio renfermant : un frontispice, un portrait de Thibaust formant second frontispice, 9 planches représentant les armoiries de 9 rois ou princes de l'époque qui ont patronné cette œuvre ; 46 planches dessinées et gravées sur cuivre par des artistes tels que : Crispin de Pas, Gelle, Nicol Lastman, Andreas Stockins, Ad. Mactham, T. Van Paenderen, Role Beaudouc, Iselburg, Wilh Delff, P. Sherwontors, Bolswort, Crispian Queborn, Salomon Saurius, A. Bolswert, Schelderic, Egbert à Paondoron, Petrus de Todo, Jacobus à Borch, Scheltus, Wilhem Jacobi.

Dédidace. — Épître à G. Thibaust. — Privilège du roi Louis XIII, daté du 21 décembre 1620. — Privilège des États généraux des Pays-Bas, daté du 5 juin 1627.

La première partie contient 33 planches doubles, sauf une ;

La deuxième partie 13 planches doubles.

L'impression de cette somptueuse publication a, de tous temps, été attribuée à une des anciennes imprimeries d'Anvers ou de Bruxelles ; or, une récente découverte faite dans l'exemplaire que possède la Bibliothèque de Versailles, a prouvé que cet ouvrage avait été imprimé à Leyde par les Elzéviers.

On lit, en effet, à la dernière page de cet exemplaire, et c'est le seul, connu [39] jusqu'ici, qui la renferme :

« *Un advertissement au lecteur.* »

« *Le lecteur sera adverti que l'autheur ayant eu le dessein de produire la science de l'escrime à cheval avec celle à pied, comme il en est fait mention au frontispice de ce livre, la mort l'ayant prévenu, ne l'a pu mettre en effect ; mèsme l'impression du présent livre en a esté retardé iusques à présent. — A Leyde, imprimé en la Typographie des Elzéviers, au mois d'Aoust, l'an* clɔ Ic c xxx. »

Les gravures de ce monument bibliographique sont remarquables, tant par les ornements et les détails que par les poses et les costumes. Le texte même, au point de vue de l'impression, est une curiosité.

TIMLICH, Carl, 1796 (allemand).

Gründliche Abhandlung der Fechtkunst auf den Hieb zu Fuss und zu Pferde zum gebrauch der cavallerie mit kupfern; von Carl Timlich Fechtmeister der K. K. Arcier u, K. hungarischen adelichen Leibgarden. — Wien gedrückt mit v. Ghelischen Sehristen. — 1796. Zu finden in der Stahelischen Buchhandlung in der Singerstrasse.

In-4° avec un titre dont le texte est gravé et 18 planches dessinées et gravées sur cuivre par l'auteur lui-même. Introduction.

TORQUATO, E., vers 1610 (italien).
Precetti sulla Scherma. — Roma. In-8°.

DE LA TOUCHE, 1670 (français).

Les vrays principes de l'espée seule, dédiez av Roy. Par le sieur de la Touche, Maistre en faits d'armes à Paris et des pages de la Reyne, et de ceux de la Chambre de son Altesse Royale Monseigneur le duc d'Orléans. A Paris, de l'imprimerie de François Muguet, rüe de la Harpe. 1670.

In-4° oblong, renfermant : un frontispice encadrant le titre, le portrait de l'auteur et 35 planches tirées hors texte et gravées sur cuivre.

Epître au Roy. Préface. Noms des 13 maîtres qui ont approuvé ce traité.

L'ouvrage de Philibert de la Touche est un des principaux et des plus curieux de l'École française [40]. Une des gravures représente, dans une galerie du château de Versailles, le spectacle d'un assaut à l'épée devant le Roi et sa suite.

Au point de vue théorique, ce livre eut beaucoup d'adversaires, ce qui prouve déjà son mérite; et il faut reconnaître, d'ailleurs, que des améliorations et des progrès lui sont dus, à côté de certains défauts tels que : *La botte du paysan*, dont il est difficile de comprendre la valeur pratique.

Quoi qu'il en soit, de la Touche restera, avec Besnard, Liancour, le Perche et Labat, en tête de cette escrime fière et florissante de l'époque de Louis XIV.

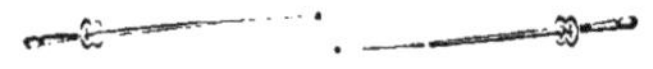

VAUX, Baron de, 1882 (français).

Les hommes d'épée. Préface, par Aurélien Scholl. — Paris, Rouveyre, éditeur, 1882.

In-8° avec une couverture illustrée en couleur et 27 vignettes et portraits de : Arcos, Berne-Bellecour, de Liphart, Ferdinandus, Feyen-Perrin, J. Jacquemart, Jeanniot, Le Natur, Lepic, Merlet, Mesples, Oudart, Poilpot, Princeteau, P. Robert, Sargent, A. Stevens.

Dédicace à M. Caïn, professeur d'escrime.

VESTER, 1777 (en allemand).

Instruction sur le noble art de l'escrime.

Breslau, 1777. In-8°.

* VIGGIANI, Angelo, 1575 (italien).

Lo Schermo d'Angelo Viggiani dal Mantone da Bologna. Nel quale per uia di dialogo si discorre interno all' eccellenza dell' Armi, et delle Lettere, et intorno all' offesa et difesa. Et insegna uno schermo di Spada sola cicuro, e singolare con vna tauola copiosissima.

In Venetia appresso Giorgio Angelieri, 1575.

In-4°. — 9 gravures sur cuivre dans le texte.

Les planches en sont supérieurement dessinées et gravées.

* VIZANI. — En 1588, l'œuvre de Viggiani *(le nom est modifié)* fut, par les soins de Zacharia Cavalcabo, réimprimée (in Bologna per Guio Rossi).

A cette seconde édition on a ajouté le portrait de l'auteur encadré dans un frontispice; les gravures sont les mêmes.

Le texte du titre est légèrement modifié, et l'ouvrage dédié au Comte Pirro Malvezzi.

* VILLAMONT, de, 1609 (français).

Traité ou instruction pour tirer des armes, de l'excellent scrimevr Hyéronime Caualcabo[41], Bolognois, avec un discours pour tirer de l'espée seule, fait par le deffunt Pâtenostrier[41] de Rome.

Traduit d'italien en françois par le seigneur de Villamont, cheualier de l'ordre de Hierusalem et gentilhomme de la chambre du Roy. — A Rouen, chez Claude Le Villain, libraire et relieur du Roy, demeurant à la rüe du Bec, à la Bonne Renommëe. 1609.

In-12. Dédié au Maréchal comte de Brissac.

VILLARDITA, Giuseppe, 1673 (italien).

Trattato di Scherma Siciliana ove si monstrà di seconda intentione con una linea retta :

Difendersi di qual si voglia operatione di resolutione, che operàta per ferire a qualunque, o di punta, o taglio, che accadesse in àccidente di questionarsi. — Aggiunta da Giuseppe Villardita. — Con expressione di tutte le regole : che nascono di seconda operatione.

In Palermo per Carlo Adamo. 1673.

Imp. Cuz. G. Lv. G. Imp. R. Ioppulus P.

Plaquette in-12 terminée par deux épigrammes latines à l'adresse de Villardita.

WASSMANNSDORFF, 1870 (allemand).

Sechs Fechtschulen (d. i. Schau-und Breisfechten) der Marrbrüder und Federfechter aus den Iahrem 1573 bis, 1614. — Nürnberger Fechtschulreime v. I. 1579, und Rosener's Gedicht — Ehrentilel und Lobspruch de Fechtkunst v. I. 1589.

Eine Borarbeit zu einer geschichte der Marrbrüder und Federfechter von Karl Wassmannsdorff. — Heidelberg, 1870. — Buchhandlung von Karl Groos.

In-8° dont la couverture et le titre renferment un fac-similé de gravure ancienne.

Wassmannsdorff a reproduit dans ce livre plusieurs petites œuvres allemandes intéressant l'escrime du XVIe siècle.

WEISCHNER, 1752 (en allemand).
Exercices dans les Salles d'armes.
Wiemar, 1752. In-4.

2e édition à Weimar, 1765.

WEISCHNER, 1766 (en allemand).
Dextérité chevaleresque dans l'escrime au

moyen de positions aisées, avec 30 gravures.— Weimar, 1766. — In-4°.

WERNER, 1824 (en allemand).

Essai d'une instruction théorique sur l'escrime du sabre, avec 20 gravures.

Leipzig, 1824. In-4°.

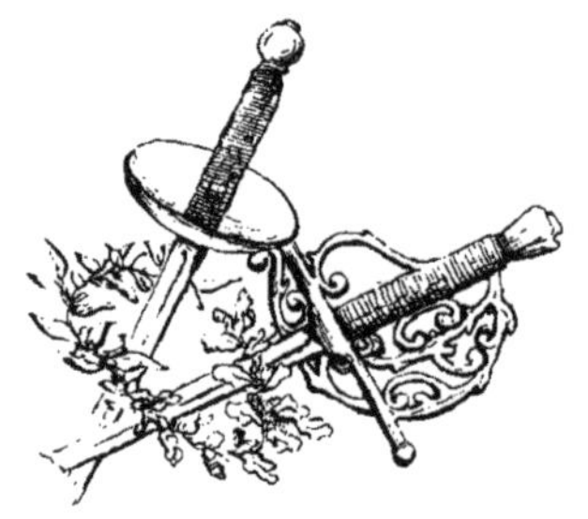

Je n'ai pu trouver d'autres indications sur les auteurs qui suivent; leurs ouvrages appartiennent à la fin du XVe *et au* XVIe *siècles.*

Iayme Pons de Perpinan (de Mayorque).
Francisco Roman (espagnol).
Pedro de la Torre (1474) (espagnol).
Frederico Ghisliero (italien).
Maestre Vico (italien).
Pietro Moncio (1509) (italien).
Maestre Clesio (italien).
Babote (italien).
Don Atanasio de Ayala (espagnol).

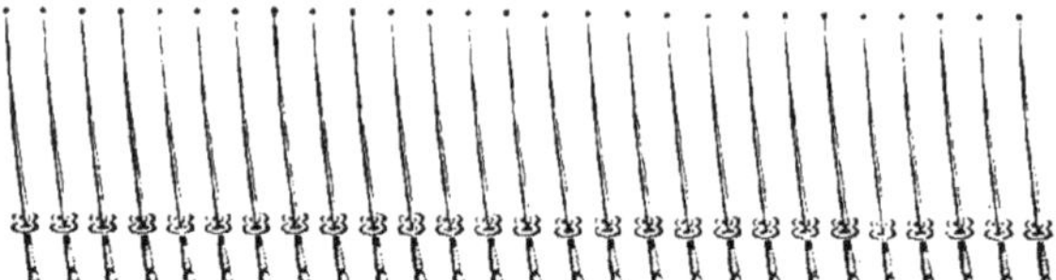

ANONYMES

Par ordre de dates

* 1538 (en français).

La noble science des joueurs despée (au recto du deuxième feuillet :) Icy commence un très beau livret contenant la chevaleureuse science des joueurs despées, pour apprendre à jouer de lespée à deux mains et aultres semblables espées, avec aussi les braquemars et aultres courts cousteaux lesquelz lon use à une main..... (A la fin :) *Imprime en la ville Danvers par moy Guillaume Vosterman demourant à la licorne d'or, lan mille cinq cens et xxxviii.*

In-4° gothique avec 33 figures sur bois.

Ouvrage nous montrant les débuts de l'escrime dans les Flandres et qui, tout naturellement, reproduit les premiers principes créés en Espagne vers cette époque.

1588 (en allemand).

Le mâle et chevaleresque Art des Armes et mouvements de l'escrime et du combat.

Francfort, 1588. — In-4°.

* STATUTS ET RÈGLEMENS, 1645 (français).

Statuts et règlemens faits par les Maîtres en fait d'armes de la Ville et Fauxbourgs, de Paris, pour le maintien de leurs privilèges octroyez par les Roys. — Vérifiez par Nosseigneurs du Conseil à Paris. Imprimerie Moreau, rue S.-Germain de l'Auxerrois, proche la Vallée de Misère, 1645. — Plaquette in-4°.

Réimprimée à Paris en 1867, par les soins de M. Daressy.

W. H. 1687 (écossais).

« Le livre qui a pour titre : le Maître d'armes écossais; aux initiales W. H., et imprimé à Edinbourg en 1687, est reporté aux ouvrages de William Hope, qui est reconnu l'auteur de ce traité. »

Vers 1700 (allemand).

Fechtender Narr. (*La folie d'un escrimeur*). — *(Extrait)*.

Plaquette in-4°, avec une gravure sur cuivre, de Bodenehr, d'après un dessin de Rogg.

* Sr. C., 1706 (allemand).

Der geoffnete Fecht-Boden auf welchen durch kurtz gefast Regeln gute anleitulg zum rechten fundament der Fecht-Kunst, etc. Mit dazu dienlichen Figuren ferfertiget. Fon Sr. C. — Hamburg, bey Benjamin Schillern Buchhandler im Thum. — Anno 1706.

In-12, avec 10 planches gravées sur cuivre et hors texte. — Au lecteur.

* H. B., 1730, anglais.

The gentleman's Tutor for the Small Sword; or, the Compleat English Fencing Master. Containing The truest and plainest Rules for learning that noble Art; shewing how necessary it is for all gentlemen to understand the same in 13 various Lessons between Master and scholar.

Adorn'd with several curious postures.

London: Printed for J. and T.W. and Sold by J. Jackson, at St. James's; A. Dodd, without Temple-Bar; and E. Nutt, under the Royal-Exchange, 1730. — Price, 1 s.

Petit in-4°, renfermant 6 gravures sur bois.

Élégant Traité présenté sous forme de dialogue entre le maître et l'élève.

Vers 1750 (en anglais).

L'art de l'escrime, présenté en figures exactes.

In-4° oblong. — Album sans texte.

* 1763 (français).

Mémoire pour le sieur Menessiez, Maître en fait d'armes, et maître des pages de M. le comte de Clermont. — Contre la Communauté des Maîtres en fait d'Armes.

(*A la fin.*) De l'imprimerie de C. F. Simon, imprimeurs de la Reine et de l'Archevêché, rue des Mathurins. Paris. 1763. Plaquette In-4°.

Rapport intéressant pour l'histoire de l'escrime au siècle dernier, et qui indique les tiraillements qui se produisaient parmi les Maîtres à cette époque, les caractères, l'influence de certains d'entre eux, et leurs divisions dans l'Académie d'armes.

* 1766 (français).

Observations sur le traité de l'art des armes, pour servir de défense à la vérité des principes enseignés par les Maîtres d'armes de Paris. — Par M***, Maître d'armes des Académies du Roi, au nom de sa Compagnie, 1766. In-8°.

Cette plaquette, qui vise violemment l'œuvre de Danet, fut faite en vue de sa réfutation par La Boëssière père [12].

Le 2e volume de Danet commente et discute les points principaux de cette réfutation.

1786 (en allemand).

Essai sur l'escrime de la main droite et de la main gauche. — Iéna, 1786. In-4°.

B. K., 1798 (allemand).

Grundliche und vollstandige Anweisung in der deutschen Fecht-kunst, etc. Mit Kupfern. — Jena, in Wolfgang Stahls, 1798.

In-4°, avec une grande planche pliée de gravures sur cuivre; le titre renferme un fleuron gravé représentant un amour guerrier.

1843 (allemand).

Anleitung zum Floretfechten fur die Konigl. Sachl. Infanterie. — Dresden und Leipzig.

Arnoldische Buchlandlung, 1843. In-8°.

1866 (français).

Notice biographique sur Jean-Louis [13] et son Ecole. Montpellier, impr. Ricard, 1866.

Plaquette in-8°, attribuée au général D...., élève de Jean-Louis; avec portrait lithographié.

1866 (français).

Instruction pour l'enseignement préparatoire de l'escrime à l'épée. — Paris, Dumaine, 1866. In-12, avec 9 planches lithographiées.

1877 (français).

Manuel d'escrime militaire, approuvé par le Ministre de la Guerre, le 18 mai 1877.— Paris. In-8°, avec planches imprimées dans le texte.

Ce Guide, divisé en leçons pratiques, a été élaboré par les quatre maîtres examinateurs de l'École d'escrime de Vincennes, qui étaient alors : MM. Rouleau, Hottelet, Bergès et Boulangé.

De C. de K. (le colonel), 1872 (français).

Annotations méthodiques et succinctes de l'Escrime, par le colonel de C. de K. — Paris, imprimerie Léautey. — 1872. In-8°.

P. de R. 1882 (en français).

Dialogue de Salle sur l'art de l'Escrime, par

P. de R. — Genève, 1882. Plaquette. In-8° autographié, avec vignettes de G. Castan.

Petite parodie amusante et spirituelle.

RÉSUMÉ

Les ouvrages parus en Europe, sur l'Escrime, et contenus dans cette bibliographie, se divisent par nationalités, comme il suit :

Espagnols	21
Italiens	62
Allemands	44
Belges	5
Français	64
Anglais	21
Portugais	1
Autrichiens	4
Écossais	4
Irlandais	1
Hollandais	1
Suédois	1
Russe	1
Suisses	2
En latin	2

Ce qui fait 234 ouvrages différents.

« *Ne sont comptées que les éditions originales, à moins de modifications sensibles.* »

NOTES

BIOGRAPHIQUES ET HISTORIQUES

1. On retrouve, il est vrai, antérieurement à Charles IX, quelques indices qui feraient supposer que déjà, au commencement du XVIe siècle, une sorte d'escrime réglementée existait en France. Rabelais écrit en 1533 : « *Il choqua doncques si roidement sus eux, qu'il les renversoit comme porcs, frappant à tors et à travers, à la vieille escrime.* » Plus tard, Brantôme nous raconte qu'un Maître italien, nommé Caize ou Caizo, prépara, en 1547, de Jarnac à son fameux Duel contre La Chastaigneraye, oncle dudit Brantôme; mais rien ne peut prou-

ver la résidence permanente chez nous de Maîtres italiens ou d'autres à cette époque.

Sous Charles IX, au contraire, on sait que plusieurs se fixèrent à Paris, sur la demande du Roi. Deux nous sont connus : R. Pompée, maître d'armes de Charles IX qui, dans une fête donnée au Louvre, jouta avec lui ; et Silvie, qui donna des leçons au duc d'Anjou, plus tard Henri III, dont l'habileté en escrime est un fait historique.

2. *Extrait du dictionnaire historique du vieux Paris :*

« L'Académie d'armes, ou Maîtres en fait « d'armes de l'Académie du Roi.

« C'est la première corporation privilégiée qui « ait pris, en France, le titre d' « *Académie* » ; « elle date du règne de Charles IX.

« Les privilèges que lui accorda Henri III, « furent confirmés par Henri IV, Louis XIII, « et obtinrent une extension considérable sous « Louis XIV.

« Des lettres patentes de ce prince, datées « du mois de mars 1656, portent que : le Roy « voulant traiter favorablement les vingt-cinq « Maistres en fait d'armes qui composent cette « Compagnie, Sa Majesté veut que doréna- « vant ceux qui seront reçus Maistres en fait « d'armes aient lettres de son Procureur du « Roy au Châtelet, et que les Maistres se ren-

« dront par-devant Sa Majesté pour faire « nomination entre eux jusqu'au nombre de « six, auxquels Elle accordera lettres de no- « blesse pour porter à l'auenir la qualité de « Noble, de laquelle jouiront leurs descen- « dants. Après le décès d'un des six Maistres, « succédera en sa place celui qui aura vingt « années d'exercices actuels.

« Que personne ne puisse s'établir dans le « royaume pour faire la dite profession, qu'il « n'ait été Prévôt sous lesdits Maistres de Paris.

« Permet, en outre, Sa Majesté, à la dite « Compagnie, de prendre pour armes : le « champ d'azur à deux épées mises en sautoir, « les pointes hautes, les pommeaux, poignées, « croisés, d'or, accompagnés de quatre fleurs « de lys avec timbre au-dessus de l'écusson et « trophées d'armes autour; comme aussi de « continuer à avoir des Gentilshommes chez « eux pour leur montrer l'exercice des armes; « et veut aussi Sa Majesté, qu'à l'avenir, le « nombre des Maistres soit réduit à vingt.

« Ces lettres patentes ont été enregistrées en « Parlement le 3 septembre 1664.

« Les Cours de justice tenaient sévèrement « la main à l'exécution des ordonnances. Toute « atteinte aux privilèges des Maîtres étaient « punis d'amendes et quelquefois de peines « corporelles. La salle où un délinquant avait « indûment donné ou paru donner leçon, de- « vait rester murée pendant six mois.

« Louis XV montra la même bienveillance « pour l'Académie d'armes :

« Le sieur Dalonneau de la Raye, Maître

« d'armes de S. A. Royale le duc de Bour-
« gogne, avait, en vertu d'un brevet spécial,
« ouvert une Salle et adopté comme ses con-
« frères l'enseigne d'usage : un bras armé
« d'une longue épée en annonçait l'entrée.
« A peine a-t-il commencé ses leçons qu'un
« arrêt de la Prévôté, du 12 décembre 1759,
« lui ordonne de fermer la Salle et d'en
« abattre l'enseigne; sinon, permet aux Maî-
« tres des Académies du Roi de faire exécu-
« ter l'arrêt aux frais et dépens du sieur
« Dalonneau; lui défend de s'aider à l'avenir
« du brevet par lui obtenu le 6 août 1758.

« Cette sentence a été confirmée par arrêt
« du Grand Conseil, du 23 août 1760; et cepen-
« dant le sieur Dalonneau avait pour protec-
« teur et pour élève un des héritiers du trône.

« Le duc de Bourgogne parla au Roi pour
« son Maître, mais ne put rien obtenir, et
« Dalonneau de la Raye fut contraint de fer-
« mer sa Salle.

« L'Académie d'armes de Paris fut dissoute
« à la Révolution de 1789, malgré les efforts de
« plusieurs de ses membres. »

Extrait du journal de l'Assemblée nationale:

« *Jeudi, 31 décembre 1789.*

« *Les Maîtres d'armes de la ville de Paris*
« *sont venus ce matin présenter leur hommage*
« *à l'Assemblée nationale, ayant à leur tête*
« *Teillagorry, Maître-Directeur de l'Ecole*
« *Royale de Paris, et Pâquier, directeur-ad-*
« *joint. — Nosseigneurs, ont-ils dit, destinés à*
« *mettre les premières armes dans les mains*

« de la jeunesse de France, nos épées sont « l'offrande naturelle que nous avons à faire à « la Patrie. Deux métaux les composent, l'ar- « gent et le fer; agréez le premier pour les « besoins pressants du moment : nous jurons « d'employer le second au service de la Nation, « au maintien de la Liberté, au soutien de vos « décrets et à la défense du meilleur des Rois.»

« Ce discours énergique, prononcé par un « Maître d'armes, couvert de l'uniforme natio- « nal, a fait passer dans toutes les âmes ce « frémissement de courage si doux à éprouver « au cœur de l'homme. »

---

3. Avant la Révolution, on donnait souvent aux Salles d'armes le nom d'Académies.

De nos jours, une Salle de Paris très connue, celle de Pons aîné, dont un professeur de grand talent, M. Rouleau, vient de prendre la direction, a conservé ce nom d'Académie.

---

4. Depuis plusieurs années, des maîtres et amateurs ont cherché (*je suis de ceux-là*), à réunir les ouvrages de l'escrime. En dehors des grandes bibliothèques, on peut citer à la tête des collections en ce genre, celles de

MM. : E. de Beaumont, l'auteur du livre « *l'Épée et les Femmes* », le duc de Chartres, le baron E. Fain, Werlé et Henri Gallice; bon nombre d'amateurs en province et aussi en Angleterre, en Belgique, ont de fort belles collections d'escrime.

Le petit-fils de celui qui fut le professeur de Lafaugère, M. H. Daressy, antiquaire à Paris, possède un précieux dossier de pièces manuscrites et originales sur l'ancienne Académie d'armes; entre autres, les pièces originales sur parchemin signées de Louis XIII et Louis XIV, touchant les statuts et privilèges accordés par ces Rois à l'Académie d'armes.

5. Certains livres d'escrime ne se trouvent ni à la Bibliothèque nationale ni au British Museum de Londres, ni dans plusieurs autres Bibliothèques publiques en Europe.

Les Manuels Brunet, Quérard et Lorenz indiquent à peine vingt titres sur ce sujet.

D'un ouvrage allemand intitulé : « Littérature universelle des Sciences militaires », paru à Berlin, en 1824, il a été extrait la liste d'un certain nombre de traités, mais les erreurs y abondent. *(Petite plaquette publiée en 1827.)*

6. Noël Carré, Maistre tireur d'armes des pages de Catherine de Médicis, recevait 4 livres 12 sols par mois pour prix de ses leçons.
(Comptes de la Reyne-Mère, archives de Rouen.)

7. Hyeronime Calvacabo, escrimeur italien dont il est fait grand éloge dans le petit traité du seigneur de Villamont, vint enseigner en France sous Henri IV; tout porte à croire, « malgré la corruption du nom, » que César Cavalcabo, Maître d'armes de Louis XIII, était le fils du précédent.

César Cavalcabo fut le dernier maître étranger appelé à la Cour de France.

8. De Saint-Ange (Vincent), Maître d'armes de Louis XIV, Chevalier des Ordres du Roi, habitait rue Ferou et y mourut en 1670, le 26 mai.

Saint-Ange n'a rien écrit sur l'escrime, mais plusieurs auteurs accusent diverses améliorations apportées par lui dans notre art.

C'est un peu grâce à son influence que Louis XIV expédia des lettres de noblesse aux Maîtres d'armes de Paris, en 1656.

Un décret de ce roi, daté de la même année, conféra le cordon de l'Ordre de Saint-Michel à plusieurs de ces Maîtres. (Je n'ai pu, à l'exception de Saint-Ange et de Rousseau Pascal, découvrir les noms de ceux qui bénéficièrent aussi de cette distinction.)

Les Archives nationales possèdent l'inventaire, après décès, de la maison de Saint-Ange.

9. Pascal Rousseau qui fut, après de Saint-Ange, Maître d'armes de Louis XIV, mourut à Paris le 9 août 1688, rue de Seine.

Il était Chevalier de l'Ordre de Saint-Michel.

10. Rousseau (Henri-François), Maître d'armes de Louis XV, mourut le 18 mai 1756, rue de la Sourdière.

11. Picard, maître d'armes de Rouen, dut sa notoriété à l'assaut désastreux qu'il fit contre le chevalier de Saint-Georges en 1767.

Quelques propos blessants tenus par lui sur ses confrères de Paris et sur Saint-Georges, qu'il appelait le « *mulâtre de la Boëssière* », firent venir à Rouen l'élève de ce dernier.

M. de Boullogne, père de Saint-Georges, avait promis à son fils, s'il se vengeait noblement, de lui donner un cheval et un cabriolet. Picard fut battu et Saint-Georges eut l'équipage qu'il désirait depuis longtemps.

(Notice bibliographique sur Saint-Georges.)

12. Motet, de l'Académie d'armes de Paris, enseignait sous Louis XV. Sa réputation de pareur était établie dans toute l'Europe, et c'est chez lui que Henri Angelo, fils de l'auteur de l'*Ecole des armes*, vint étudier. — (*Réminiscences. Londres, 1830.*)

13. Léger, maître au Régiment de Bourbon, vers 1770, était très en vogue par la pureté de son jeu et l'élégance de ses manières.

Ses assauts avec Saint-Georges produisirent un grand effet; il n'était pas son rival, mais leurs jeux s'harmonisaient merveilleusement.

Une bande d'élégants, jaloux des succès de Léger, qui était fort bel homme, le provoquèrent un soir dans la rue des Pélicans ; il mit l'épée à la main, mais tomba aussitôt, frappé de sept blessures mortelles (1773).

14. Rousseau (Augustin-Bernard-Louis), Maître d'armes des Enfants de France, fut le dernier Syndic de l'Académie d'Armes.

Arrêté en 1794, il fut exécuté le 25 messidor de la même année. « *Pare celle-là, Rousseau* », lui cria l'accusateur public au moment de sa condamnation par le tribunal révolutionnaire.

L'ordre d'arrestation porte : « *Rousseau, Maître d'armes des Enfants de Capet.* »

15. Pelte aîné était Maître d'armes dans l'artillerie, vers 1840, et fut le héros de plusieurs aventures assez extraordinaires; la suivante fera juger de l'homme et de l'artiste.

En vertu d'une autorisation spéciale qu'il devait à sa grande réputation, Pelte parcourait en tireur les principales villes de France.

On annonça un jour son arrivée à Metz; les professeurs de cette ville s'entendirent pour recevoir dignement ce renommé tireur, et une séance fut organisée dans la grande Salle d'armes du Génie, en présence des corps d'officiers.

Pelte, après y avoir fourni trois brillants assauts consécutifs, terminait en tirant avec un maître de la garnison, jeune militaire plein d'espérances, mais aussi de prétentions; soit que Pelte fut fatigué, soit qu'il fut peu disposé à faire de nouveaux efforts, il luttait mollement et fut touché deux ou trois fois par son adversaire, qui souligna maladroitement ses coups par des voltes triomphantes.

A la troisième de ses voltes, Pelte se redressa indigné, lança le mot de « *polisson* » et planta là son adversaire. Grande rumeur, plainte fut faite, et le général commandant à Metz le fit prévenir qu'une forte punition disciplinaire l'attendrait à son régiment.

Pelte se rendit le lendemain chez le général qui, peu disposé à écouter ses explications, lui fit entendre que sa sortie injurieuse ne pouvait qu'être attribuée au dépit causé par l'insuccès de son assaut.

« Si telle est votre pensée, mon général, dit Pelte, veuillez ordonner un autre assaut, et je consens à voir doubler la punition que vous m'avez infligée, si mon adversaire touche une seule fois contre douze. »

« Ah! eh bien, Monsieur le matamore, je vous prends au mot, » fit le général.

A deux jours de là, la même Salle pouvait à peine contenir les nombreux officiers, général en tête, qui venaient assister à la victoire de leur maitre et à la confusion de Pelte.

Suivant son habitude, ce dernier arriva en retard ; les murmures commençaient déjà et la figure du général n'annonçait rien de bon.

Sans prendre la peine d'échanger son lourd costume militaire, Pelte prend un masque, un gant, décroche un fleuret au hasard et tombe en garde devant son adversaire qui l'attendait plein de confiance.

A peine les fleurets étaient-ils engagés qu'on entendit une voix calme et sonore qui à intervalles de plus en plus rapprochés, annonçait : un, deux, trois, quatre, et ainsi jusqu'à douze, sans changer de ton ; c'était Pelte qui comptait ses coups : « La dernière, Monsieur, s'il vous plaît », fit-il, toujours sur le même ton ; et son fleuret, pour la treizième fois, alla se loger dans le milieu du gilet d'armes de l'adversaire. Pelte n'avait pas été effleuré.

Otant alors son masque, il parcourut d'un regard légèrement moqueur l'assistance ébahie, puis s'adressant brusquement à son vis-à-vis qui s'apprêtait à fuir : « *Vous êtes un polisson !* » et il disparut au milieu de l'ahurissement général.

La chose fit grand bruit, mais la punition fut levée.

L'incident qui amena sa mort peu d'années après, mérite également d'être raconté :

Son régiment tenait alors garnison à Strasbourg; Pelte, atteint d'une fièvre intense, gardait le lit depuis plusieurs jours, lorsque son ordonnance, entrant dans sa chambre, lui raconte qu'en ce moment un professeur nouvellement arrivé, vient de battre son frère, jeune maître que Pelte avait élevé.

A cette nouvelle, il saute hors de son lit, s'enveloppe d'un manteau et descend dans la Salle d'armes. Ceux qui se trouvaient là crurent voir entrer un spectre aux yeux flamboyants.

« Mon cher collègue, dit Pelte, en s'adressant à l'heureux adversaire de son frère : il ne sera pas dit que vous serez venu dans ma Salle, sans m'avoir fait l'honneur de tirer avec moi ? »

L'autre comprit qu'il n'y avait pas à répliquer; il accepta et fut écrasé.

Mais tout à coup les jambes de Pelte chancelèrent, on s'élança vers lui et il fallut le porter dans sa chambre.

Quelle folie venez-vous de faire? -- lui dit le docteur appelé en toute hâte — « C'est vrai, répondit-il, tout à sa pensée, j'ai été peu généreux, mais c'était mon dernier assaut. » Le lendemain il était mort.

16. Angelo (Malevolti), né à Livourne en 1716, vint étudier l'escrime française durant plusieurs années à Paris, chez Teillagorry l'oncle, et s'y rencontrait souvent avec le Maréchal de Saxe, élève du même Teillagorry.

Un jour, le Maréchal, qui, on le sait, était d'une musculature prodigieuse, furieux d'être battu par Angelo, le prit sous son bras comme il l'eût fait d'un enfant (le chevalier de Saint-Georges en fit un jour autant à un de ses adversaires, mais pour un tout autre motif) et le promena ainsi autour de la Salle.

Appelé à Londres, en 1755, par la famille royale, pour donner des leçons aux princes (l'un devint Guillaume IV), et à la suite d'un brillant assaut qu'il fournit contre Heys, le fougueux tireur irlandais, Angelo prit une Salle qui existe encore de nom et qui devint le rendez-vous des célébrités de l'époque. Le chevalier de Saint-Georges, le chevalier d'Éon, les Maîtres Le Brun, Léger, Fabien, etc., tirèrent dans cette Salle. L'aristocratie anglaise et bon nombre d'émigrés en suivirent les leçons.

Angelo, nommé Directeur de l'escrime en Angleterre, avec le grade de capitaine, mourut en 1802 avec le grade de major. Il avait 86 ans et donnait encore des leçons quelques jours avant sa mort.

La Salle d'armes qu'il dirigea à Londres, se trouvait dans les bâtiments de l'Opera-House d'Haymarket et fut pillée pendant l'incendie survenu le 17 juin 1789. Elle avait appartenu avant lui, à un maître nommé Redas; son prévôt, Charriot, fut la victime, puis le héros des aventures suivantes :

Charriot, né malin, en considération des douceurs qu'il recevait, se laissait généralement boutonner par un amateur nommé Fitz-Gérald. Un jour, moins patient que d'habitude, Charriot riposta plusieurs fois vivement, ce qui mit Fitz-Gérald dans une colère telle que, d'un coup de poing, il entama l'œil du prévôt.

Le baron Weussel, le célèbre oculiste, se trouvait là justement; il emmena le blessé chez lui et le soigna.

Après sa guérison, Charriot devint l'aide du docteur, et il révéla dans la profession d'oculiste de telles aptitudes, que Weussel s'étant retiré quelques années après, céda sa clientèle à Charriot, dont la réputation n'était plus à faire.

Quatre ans plus tard, Charriot put céder à

son tour et revint en France, où il vécut en gros bourgeois.

17. Le chevalier d'Éon avait eu le même maître qu'Angelo : le fameux Teillagorry.

Tous deux se lièrent; d'Éon habita longtemps à Londres, chez Angelo, et l'aida dans la composition de son traité.

« *Le jeu en armes de d'Eon était violent, opiniâtre, mais nullement d'un ferrailleur; ce qu'il faisait était correct et artistique.* » (Réminiscences, Londres, 1830.)

Un dessin colorié, fait par Rowlandson, en 1788, et qui fut gravé en couleur en 1791, nous donne le spectacle d'un assaut qui eut lieu à Londres, à cette époque, entre le chevalier d'Éon et Angelo fils.

Cette gravure, d'un intérêt tout particulier, renferme les portraits : d'Angelo père, dans la Salle duquel eut lieu l'assaut, de Le Brun le Maître français, du marquis de Buckingham, de Charles Fox, le célèbre orateur anglais, et de Rowlandson lui-même. (*Je n'ai pu arriver à connaître les noms des autres personnages qui y figurent.*)

Dans les dernières années de sa vie, le Chevalier d'Éon ouvrit une petite Salle d'armes à Londres, et y donna des leçons pour vivre.

18. Ce portrait du chevalier de Saint-Georges, peint par Bronn, et qui fut, plus tard, gravé par W. Ward, appartenait à Angelo père et fut le seul objet sauvé de l'incendie qui détruisit sa Salle d'armes à Londres, en 1789.

Cette toile se trouve encore à Saint-James Street, dans la Salle Angelo que dirigent aujourd'hui MM. Mac Turk, successeurs de la famille des Angelo.

19. C'est dans ces mémoires qu'Henry Angelo prétend que Faldoni, dans un assaut qui eut lieu à Paris en 1766, battit le chevalier de Saint-Georges; et il donne comme seul témoignage d'une nouvelle aussi étonnante, une lettre de Faldoni lui-même. On peut lui opposer cet extrait du livre de Gomard (page 13) :

« *Parmi les Maîtres, les deux plus forts adversaires que rencontra Saint-Georges furent Cavin de Saint-Laurent qui lui toucha sept coups et en reçut vingt-deux, et Faldoni qui lui toucha les deux premiers coups et fut bien battu après.* »

Certains affirment que Fabien était celui qui tenait le mieux devant Saint-Georges. Ils étaient très amis et tiraient souvent ensemble. Fabien, de petite taille et un peu rageur, attribuait la supériorité de Saint-Georges à ses avantages naturels.

« De quoi te plains-tu, lui disait le *Chevalier*

Noir, après moi n'es-tu pas le premier tireur du monde? »

Dans le mémorable assaut qui eut lieu à Londres, le 9 avril 1787, en présence du Régent, assaut dont une gravure anglaise nous a également conservé le souvenir, Saint-Georges y tira avec d'Éon, puis avec Fabien.

Les journaux anglais de cette époque parlèrent beaucoup du jeu de ce dernier.

---

20. La Confrérie Royale et Chevalière d'armes de Saint-Michel, à Gand, dont l'origine date d'avant la Renaissance, fut reconnue Société d'Escrimeurs et privilégiée, en 1613, par les Archiducs Albert et Isabelle, qui gouvernaient alors dans les Flandres.

La Confrérie ne pouvait compter plus de 100 membres; les Souverains et gentilshommes flamands et des Pays-Bas en faisaient seuls partie. Un évêque, S. A. S. le prince de Lobkowitz, en était membre actif en 1789.

L'ancienne Halle au drap, vieille maison gothique, sert de résidence depuis 1611 à cette antique Salle d'armes dont le Doyen, élu à vie, porte aux jours de cérémonie le Collier de la Toison-d'Or, qui fut conféré aux Michelistes, en 1603, pour les services rendus par eux au siège d'Ostende.

Dans la Salle d'armes et dans la Salle du Conseil sont accrochés les portraits de tous les

Doyens qui, depuis trois siècles, ont administré la Confrérie Chevalière de Saint-Michel.

Des assauts d'armes s'y donnent tous les ans et sont consignés sur un vieux Livre d'Or.

A l'époque de la création de l'Académie d'Armes, à Paris, Saint-Michel en fut reconnu le patron ; depuis lors et jusqu'au moment de la Révolution, il resta d'usage que les membres fussent réunis le jour de la Saint-Michel pour fêter le patron des escrimeurs.

---

21. En 1827, une Société établie sur le modèle de l'ancienne Académie d'armes, avec le célèbre Bertrand comme président, fut formée a Paris par MM. : Gomard, Bertrand père, Le Brun fils. Charlemagne, Mathieu-Coulon, Fillias, Blot, secrétaire, etc.

Elle fut dissoute à la Révolution de 1830.

---

22. M. G. Chapman, amateur d'escrime distingué, était l'ami du colonel anglais Meynards et l'aida de ses conseils dans le projet qu'il réalisa, en 1845, de fonder à Londres un vaste cercle d'escrime (*le Fencing-Club*).

Peu après, le colonel Meynards mourut;

M. Chapman continua l'œuvre commencée et contribua activement à la prospérité de cette immense et aristocratique Salle d'armes devenue très florissante.

23. A l'apparition de son livre, qui lui suscita bien des jaloux et des ennemis, Danet dut donner sa démission de Syndic des Maîtres d'armes, poste qu'il occupait avec honneur depuis plusieurs années. Il vécut alors à l'écart et se consacra entièrement à ses élèves dont les succès le vengèrent noblement des injustices qu'il avait eu à supporter.

24. Demeuse (Nicolas), maître d'armes en renom à Liége, de 1763 à 1785, était membre de l'Académie d'armes de Bruxelles, dont le chef alors, le sieur Le Grand, avait le titre de Maître en fait d'Armes de la ville.

Cette vieille Académie avait pris naissance au XVIe siècle, à la suite de tournois à l'épée établis par les Espagnols, et où se disputaient des armes dont plusieurs ont été conservées dans des « *Gildes ou Sermens* ». Quelques-unes de ces Sociétés existent encore.

Ces prix, décernés chaque année aux plus

habiles, leur étaient solennellement distribués dans la maison appelée à Bruxelles : *Broodt-Huys*.

25. Fabris Salvator, Maître italien, fut attiré en Danemark par le roi Christian IV et devint son favori.

La renommée de ce Maître était telle que Padoue, sa ville natale, se chargea, à sa mort (1617), du soin de ses funérailles, et fit élever, en 1676, un monument à sa mémoire. L'aspect de ce monument est conservé par une gravure qu'on trouve dans une édition traduite de l'œuvre de Fabris, édition qui fut faite en Allemagne, en 1713 (V. page 57).

Remarque très curieuse : en tenant compte que Fabris, né en 1544, était âgé de 62 ans lorsque parut, en Danemark, en 1606, l'édition originale de son Traité, on est fondé à croire que l'*italien Fabrice*, qui eut avec Saint-Didier la discussion théorique qu'on trouve rapportée dans le livre de Saint-Didier, en 1573, n'était autre que Salvator Fabris lui-même, qui dut passer, vers cette époque, par Paris, pour se rendre en Danemark.

26. Le chevalier de Fréville, gentilhomme

français, réfugié en Russie, avait étudié et pratiqué sérieusement l'escrime dès sa jeunesse. Il se fit maître d'armes et devint le professeur du grand-duc Paul, pour l'instruction duquel il composa son Traité en 1775.

27. Labat appartenait à une ancienne famille de maîtres d'armes qui, depuis plus de cent ans, enseignaient à Toulouse.

28. Après celle de Paris, et sans pouvoir préciser la date de leur création, nous savons que plusieurs Académies d'armes furent établies en France dans les principales villes, vers le commencement du XVIIe siècle; celles de Strasbourg et de Toulouse surtout, jouirent d'une certaine renommée; cette dernière, appelée *Académie d'armes du Languedoc*, et dont les concours annuels faisaient partie des Jeux floraux, fut longtemps prospère.

29. Né en 1782, L. Justin Lafaugère, élève

de Daressy, maître à Agen, fut certainement le plus grand exécutant de cette époque dont Jean-Louis a été le plus grand démonstrateur.

Les noms des deux hommes qui, pendant près d'un demi-siècle, tinrent si haut et si ferme le drapeau de l'escrime, sont forcément liés l'un à l'autre; chacun d'eux cependant possédait un talent d'un caractère bien différent.

Jean-Louis était le classique par excellence, Lafaugère, le romantique déclaré (*j'entends dans le sens tout à fait artistique*).

Aux personnes qui pensent qu'une grande taille est généralement indispensable pour devenir habile à l'épée, on pourrait présenter Lafaugère comme preuve du contraire.

Il était admirablement fait, mais comptait parmi les plus petits hommes de son temps *(il n'avait pas cinq pieds)*, ce qui ne l'empêcha pas de battre les plus grands et les plus forts et d'être désigné par Napoléon Ier comme devant être le professeur du Roi de Rome.

Peindre, était la passion dominante de cet original, et rien ne lui était plus agréable que de s'entendre complimenter à ce sujet.

Il lui arriva plusieurs fois de quitter brusquement Lyon, où il avait une Salle renommée et florissante, et d'aller passer trois mois soit en Italie, soit en Espagne, non pour y étudier l'escrime étrangère, mais les peintres anciens.

Dans les assauts où il assistait, nul n'avait l'éloge plus facile et la critique plus légère; en revanche, il ne pouvait voir une peinture quelconque sans lui découvrir de nombreux défauts et se croire obligé de prodiguer ses conseils; à ses amis ou à ses élèves, il allait même jusqu'à leur offrir de retoucher leurs tableaux.

Des leçons d'armes ou des assauts de Lafaugère ne s'obtenaient pas toujours aisément, mais il eût, avec bonheur, accroché de ses toiles chez tous les gens qu'il connaissait.

Dans un voyage qu'il fit à Paris en 1825, lors de la deuxième édition de son Traité, des amis à lui imaginèrent de le présenter, sans le nommer, dans un de ces assauts de second ordre qui se donnaient, à cette époque, tous les dimanches.

Les bénéficiaires de l'assaut vinrent aussitôt en plaisantant inviter ce petit homme à tirer. « Je le veux bien,dit-il, mais mon jeu n'intéressera guère, j'ai eu un maître qui suivait une méthode déplorable. « *Je ne sais pas toucher, et on ne me touche pas* ». Tous éclatèrent de rire à son nez et on l'obligea à prendre un fleuret. Trois tireurs vinrent successivement se présenter devant lui. Lafaugère ne toucha pas un seul coup malgré ses efforts apparents; mais pas un coup ne l'avait atteint; ses contorsions de bras, de mains semblaient prodiguer maladroitement des parades que la chance et le hasard seuls paraissaient lui faire réussir. Personne ne riait plus et les tireurs se regardaient effarés. Tout à coup quelqu'un s'écria : c'est Lafaugère; il n'eut que le temps de fuir pour se soustraire à l'enthousiasme général.

S'il fut peintre médiocre et faible démonstrateur, il faut reconnaître en lui le premier tireur de son époque, en même temps qu'un grand cœur et un écrivain très présentable.

Le musée d'Agen, sa ville natale, possède un beau portrait représentant Lafaugère accoudé sur une table, près d'un livre et d'une épée.

30. Le comte de Bondy, préfet de la Seine sous Louis XVIII, était élève de Gomard père et jouissait d'une réputation étendue et méritée de tireur hors ligne. *(Seul, Lafaugère lui était supérieur.)*

Le bruit des sanglants exploits d'un certain R..., spadassin établi à Caen, le fit un jour accourir incognito dans cette ville, et le soir même de son arrivée, de Bondy se rendit avec un ami dans le café où le duelliste venait parader d'habitude ; il s'assit dans un coin.

R..., dont il avait le signalement, jouait au billard et était, facilement d'ailleurs, reconnaissable par l'accueil dédaigneux qu'il faisait aux sourires et aux félicitations d'une galerie aussi craintive qu'enthousiaste.

Sur ces entrefaites, un jeune homme qui entrait dans le café, effleura en passant et par mégarde la queue de billard du triomphateur qui s'élança vers lui, rouge de colère, en l'invectivant grossièrement et en le provoquant. Le jeune homme ahuri, tout tremblant, se confondait en humbles explications.

A ce moment, on entendit une voix vibrante et inconnue : « Allez commander un enterrement de première classe pour monsieur ; » et de sa place, Bondy, paraissant s'adresser à son vis-à-vis, indiquait du doigt le duelliste qui se tourna aussitôt de son côté et vint à lui avec des allures de tigre.

— Un enterrement pour moi, avez-vous dit ; et qui donc, s'il vous plaît, me préparera cet enterrement ?

— Moi, fit l'inconnu, tout en sirotant sa chartreuse.

— Ah ! Et... vous êtes ?

— Le comte de Bondy !

A ce nom redouté, R... chancelle et devient blême ; il cherche ses mots, ses excuses.

— Ce n'est pas à moi qu'il faut faire vos excuses, mais à ce jeune homme, et que ce soit votre dernière affaire, ne l'oubliez pas.

Inutile d'ajouter que, ses excuses faites, le spadassin s'éclipsa au milieu des huées et ne reparut plus en scène.

Une autre fois, le comte de Bondy se trouvait, par hasard, à déjeuner dans un restaurant à la mode du Palais-Royal. Non loin de lui, trois messieurs, somptueusement attablés, causaient, à haute voix, de choses et d'autres. Leur conversation, que de Bondy entendait, en arriva à tomber sur lui, et ce fut à qui déchirerait le mieux : « Ce mauvais préfet, ce fâcheux politique dont on surfaisait les mérites aussi bien que la force à l'épée. »

De Bondy laissa passer les premiers jets, mais bientôt, agacé par l'explication détaillée de ses vices et méfaits, il tire une carte de son portefeuille et la place dans une assiette, puis, il prie, à voix basse, le patron de l'établissement d'aller poser cette assiette sur la table de ces messieurs; l'autre, croyant à un acte de politesse, s'empressa de servir délicatement ce plat d'un nouveau genre. Les trois individus lurent et se regardèrent hébétés..... Leur déjeuner, singulièrement refroidi, fut à peine terminé et tous trois filèrent aussitôt.

31. De Liancour mourut à Paris en 1732, après avoir enseigné l'escrime pendant 52 ans. Il est regardé comme le premier des Maitres de l'époque de Louis XIV.

32. Moreau, père de l'auteur, et maître d'armes à Nantes également, avait eu l'occasion de tirer avec le chevalier de Saint-Georges et d'être complimenté par lui.

33. Le manuscrit de Palladini se trouve à Paris dans une collection particulière.

34. La famille des le Perche fournit en France des Maîtres pendant plus d'un siècle.

L'auteur est le plus connu ; il portait les prénoms de Jean-Baptiste et tenait sa Salle d'armes rue de la Harpe.

Il fut enfermé pendant quelque temps à la Bastille pour des propos imprudents débités par lui sur Louis XIV et Mme de Maintenon.

35. Les noms de MM. de la Pervenchère et du Marquis de Valfons, resteront liés à l'histoire de notre escrime, pour l'initiative et l'appui que ces deux députés ont apporté dans le projet de loi voté en 1875 par le Parlement, en vue de l'amélioration à accorder aux situations de nos Maîtres militaires.

36. L'auteur espagnol Quevedo Villegas, dans son roman l'*Aventurier Buscon*, a mis en scène d'une façon très amusante l'escrime mathématique que quelques auteurs déjà, avant Rada, avaient tenté d'expliquer et d'établir.

37. Rowlandson, le célèbre dessinateur anglais, fréquentait beaucoup, à Londres, la Salle d'armes d'Angelo et y a trouvé les sujets de diverses scènes d'escrime, rendus par lui d'une façon très heureuse, et qui ont été gravés.

38. Saint-Martin, officier français, était un des meilleurs élèves du fameux Danet.

Attiré en Autriche, il conquit à Vienne une réputation et devint le professeur en titre de l'aristocratie autrichienne.

39. On annonce cependant qu'un collectionneur aurait acquis dernièrement, à Londres, un exemplaire de l'*Académie de l'Espée* de G. Thibaust, semblable à celui que possède la Bibliothèque de Versailles.

40. Le manuscrit original de l'œuvre de Philibert de la Touche, se trouve, avec gravures avant la lettre, au département des manuscrits de la Bibliothèque Nationale. L'exemplaire de

ce livre qui a appartenu à Louis XIV se trouve à la réserve des imprimés.

41. Vers 1600, Patenostrier et H. Cavalcabo, maîtres italiens, jouissaient en Europe d'une brillante renommée. Brantôme, dans ses mémoires, les cite avec éloges et raconte : « *Que des seigneurs françois sont allés en Italie apprendre du Patenostrier la milice de l'escrime.* » Brantôme parle aussi du *Grand Tappe de Milan*.

42. La Boëssière père, le professeur de Saint-Georges, inventa, vers 1750, le masque à treillis, à peu près semblable à celui dont nous nous servons aujourd'hui, mais sans les côtés. Plusieurs maîtres refusèrent longtemps de l'adopter dans leurs Salles comme étant une garantie indigne des bons tireurs. Ce ne fut qu'au commencement de notre siècle, et à la suite de plusieurs accidents graves, qu'il fut rigoureusement imposé dans les assauts.

43. Jean-Louis a été le plus complet démonstrateur de notre siècle; il n'a malheureusement rien fait imprimer du merveilleux mode d'enseignement qu'il établit et que suivent, par tradition, les nombreux maîtres qu'il a formés. L'Ecole qu'il fonda à Montpellier, en 1829, devint un centre d'escrime d'où est sortie une brillante phalange de maîtres et d'amateurs, et où les plus grandes réputations allèrent chercher leur consécration.

La seule femme qui soit jamais parvenue à une sérieuse force à l'épée, a été Mlle Jean-Louis, morte il y a peu d'années; elle avait épousé un médecin de Toulouse.

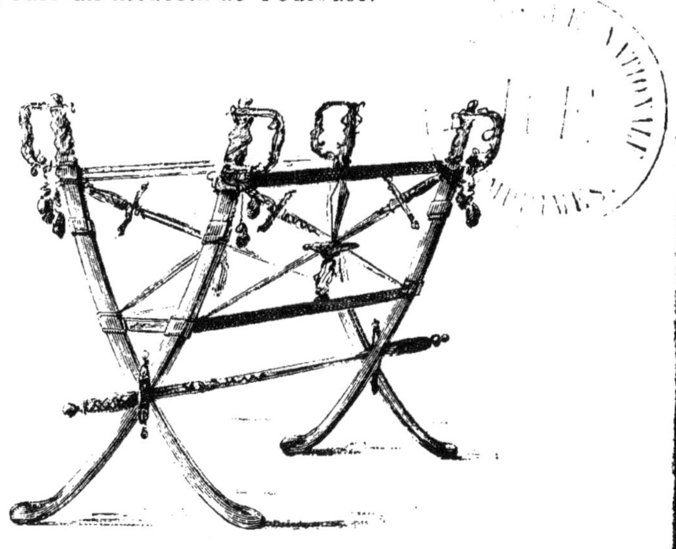

DU MÊME AUTEUR

POUR PARAITRE PROCHAINEMENT :

UN MAITRE D'ARMES

SOUS LA RESTAURATION

(ESSAI HISTORIQUE)

In-12 avec frontispice, portrait sur cuivre et vignettes sur bois.

Tirage numéroté à trois cent quatre-vingts exemplaires :

20	exemplaires	sur Japon, à.	80 fr.
30	—	sur Chine, à.	60 fr.
20	—	sur Whatman, à.	50 fr.
310	—	sur papier vélin, à. . .	10 fr.

L'ART DE L'ÉPÉE

In-4° oblong avec frontispice, portrait et gravures sur cuivre et sur bois

Tirage numéroté à quatre cent quatre-vingts exemplaires :

20	exemplaires	sur Japon. à.	150 fr.
30	—	sur Chine, à.	100 fr.
40	—	sur Whatman, à.	100 fr.
390	—	sur papier vergé, à. . .	40 fr.

On souscrit, à Paris, chez l'auteur, et aux librairies : FONTAINE, passage des Panoramas et CONQUET, 5, rue Drouot.

MOTTEROZ, Adm.-Direct. des Imprimeries réunies, C, rue du Four, 54 bis, Paris

www.ingramcontent.com/pod-product-compliance
Ingram Content Group UK Ltd.
Pitfield, Milton Keynes, MK11 3LW, UK
UKHW021145260726
13994UKWH00001B/307

9 782329 359816